簿記会計入門

日野　修造　編著

五絃舎

はしがき

　現代の経済社会は、企業活動や投資活動が国境を越えて行われるボーダレスの時代だと言われています。そのような時代の企業会計は国際会計基準（IFRS）にしたがったものでなければならないという風潮にあります。昨今の状況は少し変わってきたとはいえ、国際会計基準を重要視する考えは依然として残っています。

　国際会計基準の適用やコンバージェンスが求められるのは連結財務諸表を作成すべき企業（上場企業）の会計なのですが、わが国では、国際会計基準を個別財務諸表（単体）にも強制適用しようとしてきた動きがありました。しかし、そんな雰囲気の中、平成22年4月に企業財務委員会（事務局：経済産業省 経済産業政策局企業行動課、委員長：佐藤行弘三菱電機常任顧問）が、「会計基準の国際的調和化を踏まえた我が国経済および企業の持続的な成長に向けた会計・開示制度のあり方について」（中間報告書）を公表しました。

　そこでは「我が国固有の商習慣や伝統的な会計実務に関連の深い単体に適用される会計基準について『なぜ（国内制度に係る）単体基準を（国際ルールに係る）連結基準に合わせるのか』という視点において、『連結先行』の本来の意義を明確化する必要がある。」（p.8）と述べられています。

　単体にどこまで国際会計基準を取り込むかについては、我が国の会社法や税法との関係や我が国独特の経営のあり方など様々な問題があり、きわめて難しい問題だといえます。

　本書は複式簿記による記帳技術と計算構造に焦点を当て、分かりやすく解説した簿記の入門書です。簿記検定でいえば、日商簿記検定3級レベルの内容となっています。

　国際会計基準が適用されたとしても、複式簿記による記帳方法や計算構造は変わるものではありません。資産・負債の評価方法や収益・費用の認識等において多少の変化はあるものの、複式簿記による記帳方法や計算構造は脈々と生き続けているのです。

　本書では、会計理論上の解釈や説明などは詳細に行っていません。まず、会計を学ぶためには、複式簿記による記帳方法の習得や計算構造の理解が先決だと考えたからです。会計理論については、本書で簿記の基礎を学んだ後に、じっくりと取り組んでいただきたいと思っています。複式簿記が解るとその知識は会計理論書を読み解く際に有効に機能します。また会計学の世界でのあらゆる議論に参加する際の一助にもなります。

　また本書では、理解を促す工夫として、各章の冒頭において、その章で学習する内容を簡潔にまとめています。まずは、冒頭のこの文章を読むことで、学習目標を明確にしてから、本文に入って下さい。そうすることで、効率的に学習を進めることができると思います。本書を手に取ったみなさん、会計学への入り口である複式簿記の世界を体験してみて下さい。

　最後になりましたが、本書の刊行に際しては、恩師である福岡大学の太田正博先生、佐賀大学の木戸田力先生、中村学園大学の岸川公紀先生に貴重なご助言・ご協力を賜り、深く感謝申し上げます。また、五絃舎の長谷雅春氏には出版まで終始お世話になりました。紙面をお借りしまして、深く御礼申し上げます。

平成25年3月

日野　修造

目　　次

第1編　簿記の基礎

第1章　企業の簿記 ——————————————————————— 3
　1．簿記の意味……………………………………………………………………3
　2．簿記の目的……………………………………………………………………3
　3．簿記の種類……………………………………………………………………4
　4．簿記の前提条件………………………………………………………………4

第2章　資産・負債・資本（純資産）と貸借対照表 ———————— 6
　1．資産……………………………………………………………………………6
　2．負債……………………………………………………………………………7
　3．資本（純資産）………………………………………………………………8
　4．貸借対照表……………………………………………………………………8
　5．純損益の計算…………………………………………………………………9

第3章　収益・費用と損益計算書 ————————————————— 12
　1．収益……………………………………………………………………………12
　2．費用……………………………………………………………………………12
　3．純損益の計算…………………………………………………………………13
　4．損益計算書……………………………………………………………………14

第4章　取引と勘定 ———————————————————————— 16
　1．取引の意味……………………………………………………………………16
　2．勘定の意味……………………………………………………………………17
　3．勘定口座………………………………………………………………………17
　4．勘定記入の方法………………………………………………………………18
　5．取引の分解と勘定記入………………………………………………………19
　6．貸借平均の原則………………………………………………………………23

第5章　仕訳と転記 ———————————————————————— 25
　1．仕訳……………………………………………………………………………25
　2．転記……………………………………………………………………………27

第6章　仕訳帳と総勘定元帳 ———————————————————— 29
　1．仕訳帳…………………………………………………………………………29

v

2．総勘定元帳…………………………………………………………………………31

第7章　試算表 ──────────────────────────── 34
　　1．試算表の種類………………………………………………………………………34
　　2．試算表の意義………………………………………………………………………36

第8章　決算Ⅰ ──────────────────────────── 41
　　1．簿記一巡の手続き…………………………………………………………………41
　　2．仕訳帳の仮締切り…………………………………………………………………42
　　3．試算表の作成………………………………………………………………………42
　　4．棚卸表と決算整理仕訳……………………………………………………………43
　　5．精算表………………………………………………………………………………44
　　6．収益・費用勘定の締切り…………………………………………………………45
　　7．損益勘定の締切り…………………………………………………………………46
　補1　振替仕訳…………………………………………………………………………47
　　8．資産・負債・資本勘定の締切り…………………………………………………49
　　9．繰越試算表の作成…………………………………………………………………50
　10．貸借対照表の作成…………………………………………………………………50
　11．損益計算書の作成…………………………………………………………………51
　補2　大陸式決算法と英米式決算法…………………………………………………52

第2編　取引の記帳と決算

第9章　現金・預金の記帳 ───────────────────── 57
　　1．現金…………………………………………………………………………………57
　　2．現金出納帳…………………………………………………………………………58
　　3．現金過不足…………………………………………………………………………59
　　4．当座預金……………………………………………………………………………61
　　5．当座借越・当座……………………………………………………………………62
　　6．当座預金出納帳……………………………………………………………………64
　　7．その他の預貯金……………………………………………………………………66
　　8．小口現金……………………………………………………………………………66

第10章　商品売買の記帳 ───────────────────── 74
　　1．分記法と3分法……………………………………………………………………74
　　2．商品売買損益の計算………………………………………………………………78
　　3．仕入帳と売上帳……………………………………………………………………79
　　4．商品有高帳…………………………………………………………………………81

第11章　掛け取引の記帳 ── 85
1．売掛金勘定と売掛金元帳………………………………………………85
2．買掛金勘定と買掛金元帳………………………………………………89

第12章　その他の債権・債務の記帳 ── 94
1．前払金と前受金…………………………………………………………94
2．未収金と未払金…………………………………………………………95
3．貸付金・借入金と手形貸付金・手形借入金…………………………97
4．立替金と預り金…………………………………………………………100
5．仮払金と仮受金…………………………………………………………102
6．商品券……………………………………………………………………103

第13章　手形取引の記帳 ── 106
1．手形の種類………………………………………………………………106
2．約束手形の記帳…………………………………………………………106
3．為替手形の記帳…………………………………………………………107
4．手形の裏書と割引………………………………………………………109
5．受取手形記入帳と支払手形記入帳……………………………………112

第14章　有価証券取引の記帳 ── 116
1．有価証券の買い入れ……………………………………………………116
2．有価証券の売却…………………………………………………………117
3．有価証券利息および受取配当金………………………………………118
4．有価証券の評価…………………………………………………………119

第15章　固定資産の記帳 ── 121
1．有形固定資産の取得……………………………………………………121
2．有形固定資産の売却……………………………………………………122

第16章　営業費の記帳 ── 124
1．営業費の意味と種類……………………………………………………124
2．営業費勘定と営業費内訳帳……………………………………………125

第17章　個人企業の資本の記帳 ── 127
1．資本の元入れ……………………………………………………………127
2．資本の引き出しと引出金勘定…………………………………………128

第18章　個人企業の税金の記帳 ── 130
1．所得税と住民税…………………………………………………………130

2．事業税と固定資産税 ……………………………………………………………131

第19章　決算Ⅱ ────────────────────────────── 133
　　1．決算整理の意味 ……………………………………………………………………133
　　2．商品に関する決算整理 ……………………………………………………………134
　　3．貸し倒れの見積もり ………………………………………………………………137
　　4．固定資産の減価償却 ………………………………………………………………140
　　5．現金過不足の整理 …………………………………………………………………142
　　6．引出金の整理 ………………………………………………………………………143
　　7．8桁精算表 …………………………………………………………………………144
　　8．帳簿決算 ……………………………………………………………………………148
　　9．財務諸表の作成 ……………………………………………………………………151

第20章　決算Ⅲ ────────────────────────────── 156
　　1．減価償却費の間接法による記帳 …………………………………………………156
　　2．有価証券の評価 ……………………………………………………………………158
　　3．費用・収益の繰り延べ ……………………………………………………………160
　　4．費用・収益の見越し ………………………………………………………………163
　　5．8桁精算表の作成 …………………………………………………………………165
　　6．損益計算書と貸借対照表 …………………………………………………………169

第21章　帳簿組織 ───────────────────────────── 172
　　1．帳簿の種類 …………………………………………………………………………172
　　2．分課制度と帳簿組織 ………………………………………………………………173
　　3．帳簿の形式 …………………………………………………………………………173

第22章　3伝票制による記帳 ─────────────────────── 175
　　1．証憑と伝票 …………………………………………………………………………175
　　2．仕訳伝票 ……………………………………………………………………………175
　　3．3伝票制 ……………………………………………………………………………176

　索　　引 ……………………………………………………………………………………187

第1編　簿記の基礎

第1章　企業の簿記

　ここでは、簿記とは何か、そしてそれは何を目的として行われ、どんな種類があるのかについて学習する。簿記とは帳簿記入の略である。この簿記という記帳技術を用いることにより企業は、企業経営の状態や成績を明らかにすることが可能になる。また、ここでは、簿記における前提条件についても学習する。

1．簿記の意味

　私たちの家庭では、働いて得た収入や生活に必要な支出を、家計簿と呼ばれる帳簿に記入して現金の管理を行っている。例えば、月給などの収入や、食料品や衣料品などの購入による支出などを記録して現金の管理を行っている。
　一方、企業では、現金の収入・支出以外に、商品の仕入れや売り上げ、その仕入代金の支払いや売上代金の受け取り、および銀行からの借り入れなど、日々の経営活動を記録している。そして、将来の経営に役立てている。
　このように、企業のさまざまな経営活動について記録・計算・整理する方法を簿記（book keeping）という。

2．簿記の目的

　簿記では、企業の経営活動に伴う日々の財産の変動などを記録することによって、次のような目的を果たしている。
（1）一定の期間における商品の仕入れ・売り上げ、給料や広告料の支払い、家賃の受け取りなどの結果、企業がどれだけの利益を上げたかを定期的に計算する。つまり**経営成績**（operating result）を明らかにする。
（2）一定時点における現金、銀行預金、商品、建物、土地および借入金などの現在有り高を明らかにする。また同時に、このような物財を獲得する資金は、どのようにして調達されたのかを明らかにする。つまり**財政状態**（financial position）を明らかにする。

　このように、簿記によって企業は経営成績と財政状態が明らかにし、経営の状況を知り、経営の善し悪しを判断し、将来の経営方針を決定することができる。また、取引先や資金を提供している

3

銀行も簿記によって作成された資料を見ることで、企業の経営内容を知ることができる。

3．簿記の種類

簿記の種類は、記帳方法や適用される業種の違いによって、次のように分けられる。

(1) 記帳方法の違いによる分類
記帳方法には、その代表的な方法として**複式簿記**と**単式簿記**とがある。

> **複式簿記**（double-entry bookkeeping）
> 　企業の経営活動を、定められた記帳の方法にしたがって、組織的に記録・計算・整理する簿記
> **単式簿記**（single-entry bookkeeping）
> 　特に定められた記帳の方法はなく、現金の収入と支出をもとに記録・計算・整理する簡単な簿記

複式簿記は、今日、最も優れた簿記として広く用いられている。単式簿記は、家計簿などの記帳に用いられている。

(2) 業種の違いによる分類
簿記は業種の違いで分類すると**商業簿記**、**工業簿記**および**銀行簿記**に分類される。
> **商業簿記**・・・・商品売買業において用いられる簿記
> **工業簿記**・・・・製造業において用いられる簿記
> **銀行簿記**・・・・銀行業において用いられる簿記

本書では複式簿記による商業簿記について学習する。

4．簿記の前提条件

簿記には、**会計単位・会計期間・貨幣額表示**という三つの**前提条件**がある。これらの前提条件は、**会計公準**（accounting postulate）といわれている。

(1) 会計単位（accounting unit）
簿記が記録・計算・整理の対象とする範囲を**会計単位**という。企業の簿記では、経営活動による金銭や物品の動きなどを記録・計算・整理することが簿記の対象となるので、企業そのものが会計単位である。

(2) 会計期間（accounting period）

　企業の経営活動は、継続して営まれることを前提としているため、経営成績や財政状態を明らかにするためには、経営活動を一定の期間に区切る必要がある。この一定の期間を**会計期間**という。そして、会計期間の初めを**期首**（beginning of year）、終わりを**期末**（year-end）という。

(3) 貨幣額表示（monetary measurement）

　企業の経営活動の記録は、すべて貨幣額を尺度として表現される。したがって、**貨幣額表示**ができないものは簿記の対象とはならない。

【練習問題】

1．次の（　　　）の中に適切な用語を記入しなさい。
　(1) 簿記は、企業におけるさまざまな経営活動を、定められた記帳方法によって、
　　　(a　　　　)、(b　　　　)、(c　　　　)する技術である。
　(2) 簿記の目的は、一定時点における企業の（d　　　　）と、一定期間の（e　　　　）を明らかにすることである。
　(3) 簿記には、(f　　　　)・(g　　　　)・(h　　　　)の三つの前提条件がある。

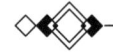

第2章 資産・負債・資本(純資産)と貸借対照表

　ここでは簿記の要素と企業の純損益の計算について学習する。簿記の要素には資産・負債・資本(純資産)および収益・費用がある。そして、企業の純損益の計算方法には財産法と損益法がある。また、企業の財政状態(資産・負債・資本の状態)を示す書類として貸借対照表があり、経営成績(収益と費用の関係)を示す書類として損益計算書がある。

1. 資　　産

　企業は経営活動を営むために、現金・商品・備品・建物・土地などの**財産**(property)を所有している。また、商品を売却した代金を後で受け取る場合は、その代金を受け取るという**債権**(receivables)などを持っている。このような企業が経営活動を営むために所有している財貨や債権のことを**資産**(assets)という。
　主な資産の項目には次のようなものがある。

注意が必要

資産の項目	内　　容	財産or債権
現　　　金	紙幣・硬貨などの金銭	財　産
売　掛　金	商品を売却した代金を後日受け取る権利	**債　権**
商　　　品	販売を目的として所有する物品	財　産
貸　付　金	他人に貸し付けた金銭を後日回収する権利	**債　権**
備　　　品	営業のために所有する机・いす・陳列ケースなど	財　産
建　　　物	営業のために所有する店舗や事務所	財　産
土　　　地	店舗や事務所の敷地	財　産

ポイント
　企業にとって、持っていて価値があると考えられるものが資産である。現金や商品といった財産は理解しやすいが、売掛金や貸付金といった債権については、それに価値があると捉えにくいため、特に注意が必要である。

例題2－1
　福岡商店の平成○年1月1日の資産は、次のとおりである。これらの資産の名称と金額および資

産総額を示しなさい。
① 所有する紙幣¥10,000と硬貨¥500
② 商品を売却し、その代金¥7,000を後日受け取る権利（債権）
③ 販売を目的として所有するＴシャツ¥4,500
④ 営業のために所有する商品の陳列ケース¥5,000といす¥3,000

解　答
①名称（現　金）　金額（¥10,500）　　②名称（売掛金）　金額（¥ 7,000）
③名称（商　品）　金額（¥ 4,500）　　④名称（備　品）　金額（¥ 8,000）
資産総額（¥30,000）

２．負　債

　企業は経営活動を営むために、商品を仕入れて、その代金を後で支払うことがある。また、必要に応じて銀行などから現金を借りることがある。このような企業が経営活動を営む過程で生じた債務のことを、**負債**（liability）という(注)。主な負債の項目には次のようなものがある。

負債の項目	内　容
買　掛　金	商品を仕入れ、代金を後日支払う義務（債務）
借　入　金	銀行などから金銭を借り入れて、その借金を後日返済する義務（債務）

ポイント
　負債は、将来における支払いの義務と考えられる。とりあえず借金※と考えておくと良い。例えば、買掛金は商品代金の借金と考えることができる。企業はこのようにして得た資金で、土地や建物を購入するのである。

例題２－２
　福岡商店の平成○年１月１日の負債は、次のとおりである。これらの負債の名称と金額および負債総額を示しなさい。
① 商品を仕入れ、その代金¥8,000を後日支払う義務（債務）
② 現金¥12,000を借り入れ、後日返済する義務（債務）

※　実のところ、負債には借金というだけでは説明できないものがある。会計学では、負債には法的債務と会計上の債務があるといわれている。前者は「第三者に対して、一定の金銭・財・サービスを提供しなければならない義務」であり、後者は「一会計期間における損益を正しく計算するために設定された負債項目」である。ここでは初学者ということで、借金としている。

解　答
　　①名称（買掛金）　金額（¥8,000）　　②名称（借入金）　金額（¥12,000）
　　負債総額（¥20,000）

3．資本（純資産）

　企業が所有する資産総額から負債の総額を差し引いて計算される金額を**純資産（net assets）**という。この純資産のことを簿記では、**資本（capital）**という。これを等式で示すと次のようになり、**資本等式**と呼ばれる。

　　　　資産　－　負債　＝　資本（純資産）………資本等式

　また、資本（純資産）は企業主が企業に投資した**元手（capital）**とも考えられる。例えば、企業主が事業を始めるために、自らの預金を下ろして現金をその企業に投入した時点を考えて見る。その時点では自ら投入した現金しか企業に無い。負債がゼロなら、資本等式によって、自ら投下した現金額が資本（純資産）として計算される。さらに、上記括弧中の英文標記を確認すると、資本も元手もcapitalである。

例題2－3
　例題2－1および例題2－2の解答結果により、福岡商店の平成○年1月1日の資本（純資産）の額を計算しなさい。

解　答　　¥30,000　－　¥20,000　＝　（¥10,000）

※個人企業では、資本は「**資本金**」として表示する。

4．貸借対照表

　企業の一定期間の資産・負債・資本（純資産）の状態を財政状態といい、この財政状態を明らかにするための書類を**貸借対照表（Balance sheet；B/S）**という。そして、それを等式で表すと次

のように示される。この等式は、資本等式の負債を右辺に移行したものになっている。

　　　資産　＝　負債　＋　資本（純資産）………貸借対照表等式

　貸借対照表は、この貸借対照表等式で示されるように、表を左右に分割し、左側に資産の項目・金額を記入し、右側に負債と資本（純資産）の項目・金額を記入して作成する。図示すると次のようなイメージとなる。

貸借対照表（B／S）

資　産	負　債
	資　本（純資産）

例題2－4
　例題2－3により福岡商店の平成○年1月1日の貸借対照表を作成しなさい。

解　答

貸　借　対　照　表
福岡商店　　　　　　　　平成○年1月1日

資　産	金　額	負債および純資産	金　額
現　　金	10,500	買　掛　金	8,000
売　掛　金	7,000	借　入　金	12,000
商　　品	4,500	資　本　金	10,000
備　　品	8,000		
	30,000		30,000

　第1章でも述べたように、簿記の基礎的条件として会計期間がある。ここで作成した貸借対照表は期首の時点で作成したものであるため**期首貸借対照表**という。これに対して期末である12月31日（会計期間1年と仮定）時点で作成したものを**期末貸借対照表**という。通常、貸借対照表といった場合は期末貸借対照表を意味する。これについては次節で説明する。

5．純損益の計算

　企業が経営活動を営むことによって、期首の時点で存在した資産・負債・資本（純資産）の額は変動する。その結果、**期首資本（期首純資産）**と**期末資本（期末純資産）**に違いが生じる。ここで

把握される差額のことを**当期純損益**（単に純損益ということもある）という。純損益は**純利益**と**純損失**の総称である。期末資本（期末純資産）が期首資本（期首純資産）より大きい場合は、純利益となり、逆の場合は純損失となる。この関係を等式で示すと次のようになる。

　　期末資本　－　期首資本　＝　当期純利益（マイナスであれば、**当期純損失**）
　（期末純資産）（期首純資産）

　このようにして企業の1会計期間の利益を、期首と期末の資本（純資産）をもとに計算する方法を**財産法**という。
　なお、期末貸借対照表では期末資本（期末純資産）は**期首資本（期首純資産）**と**当期純利益（純損失）**に分けて表示する。

例題2－5
福岡商店の平成○年12月31日（期末）時点の資産・負債に関する資料と、例題2－4によって、
　①等式を用いて、当期純損益を計算しなさい。
　②期末貸借対照表を作成しなさい。

資　料
　現　　　金　¥12,000　　売　掛　金　¥ 8,000　　商　　　品　¥ 5,000
　備　　　品　　8,000　　買　掛　金　　9,000　　借　入　金　　13,000

解　答
①等式による当期純損益

　　¥11,000※　　　－　　　¥10,000　　　＝　　　¥ 1,000
　（期末資本）　　　　　（期首資本）　　　　　（当期純利益）
　　※（12,000＋8,000＋5,000＋8,000）－（9,000＋13,000）＝11,000

②期末貸借対照表

貸　借　対　照　表
福岡商店　　　　　　平成○年12月31日

資　産	金　額	負債および純資産	金　額
現　　金	12,000	買　掛　金	9,000
売　掛　金	8,000	借　入　金	13,000
商　　品	5,000	資　本　金	10,000
備　　品	8,000	当期純利益	1,000
	33,000		33,000

期首の資本金と当期純利益に区別されている

　期末貸借対照表では、期末資本（期末純資産）を期首の資本金と当期純利益に区別して表示している。両者を併せて、期首貸借対照表のように資本金として表示することも考えられようが、そう

するとこの会計期間で稼ぐことができた利益の額が、期末の貸借対照表から読み取ることができない。このような理由から、期末の貸借対照表における資本（純資産）の部は、期首の資本金と当期純利益に区別して表示することになると考えられる。

【練習問題】

1．佐賀商店の1月1日（期首）における資産と負債は、次のとおりであった。よって、貸借対照表を作成しなさい（資本金は各自で計算すること）。

　　現　　金　¥150,000　　売　掛　金　¥130,000　　商　　品　¥ 70,000
　　備　　品　 220,000　　買　掛　金　 160,000　　借　入　金　 110,000

2．大分商店の12月31日（期末）における資産と負債の内容が、次のようになったとして、期末の貸借対照表を作成しなさい。なお、期首の資本金は¥1,000,000であった。

　　現　　金　¥350,000　　売　掛　金　¥ 580,000　　商　　品　¥190,000
　　備　　品　 460,000　　建　　物　 1,000,000　　買　掛　金　 780,000
　　借　入　金　 700,000

3．福岡商店の期首（1月1日）と期末（12月31日）における資産と負債の内容は、それぞれ次のとおりであった。よって、期末の貸借対照表を作成しなさい。

　1月1日
　　現　　金　¥700,000　　売　掛　金　¥900,000　　商　　品　¥300,000
　　備　　品　 400,000　　買　掛　金　 660,000　　借　入　金　 640,000

　12月31日
　　現　　金　¥800,000　　売　掛　金　¥950,000　　商　　品　¥400,000
　　備　　品　 450,000　　買　掛　金　 750,000　　借　入　金　 800,000

第3章　収益・費用と損益計算書

　ここでは、企業の資本（純資産）を増大させる項目と、減少させる項目について学習する。前者の項目を収益といい、後者の項目を費用という。
　また、ここでは損益計算書の作成について学習する。損益計算書とは収益の項目と費用の項目をそれぞれ表示し、両者の差額として当期純損益を算出・表示する表である。

1．収　　益

　企業が例えば、仕入原価¥100,000の商品を¥150,000で売り渡すと、差額として¥50,000の儲け（**商品売買益**）が計算される。そして、この儲けた金額だけ資本（純資産）が増加することになる。このように企業活動によって、資本（純資産）が増加する原因となることがらを**収益**（revenue）という。
　主な収益の項目には次のようなものがある。

収益の項目	内　　　容
商品売買益	商品の売り渡し価格と仕入価格との差額
受取手数料	商品売買の仲介などをした場合に受け取った手数料
受 取 利 息	預金や貸付金などによって受け取った利息

ポイント
　項目の名称について、頭の文字が*受取*で*始まる*か、最後の文字が*益*で*終わる*かという特徴がある。
　この特徴は、すべての収益の項目に当てはまるわけではないが、現段階ではこの特徴を押さえておくと、資産・負債・資本（純資産）および費用の項目との区別が容易にできるため、覚えておくと良い。

2．費　　用

　企業が例えば、従業員に給料を支払ったり、借入金の利息を支払ったりしたとすると、その額だけ資本（純資産）が減少することになる。このように企業活動によって、資本（純資産）が減少することがらを**費用**（expence）という。

主な費用の項目には次のようなものがある。

費用の項目	内　　　　容
給　　料	従業員に支払う給料
広　告　料	新聞・テレビ・チラシなどの広告代金
支払家賃	事務所・店舗など、建物を借りている場合に支払われる賃借料
通　信　費	郵便切手・はがきなどの郵便料金や、電話料金など
消耗品費	伝票や帳簿・ボールペン・消しゴムなどの文房具の代金
水道光熱費	電気代・ガス代・水道代など
雑　　費	新聞の購読料やお茶・茶菓子代など
支払利息	借入金に対して支払う利息

ポイント

　項目の名称について、頭の文字が**支払で始まる**か、最後の文字が**費（料）で終わる**かという特徴がある。

　この特徴は、すべての費用の項目に当てはまるわけではないが、現段階ではこの特徴を押さえておくと、資産・負債・資本（純資産）の項目と収益の項目との区別が容易にできるため、覚えておくと良い。

3．純損益の計算

　純損益の計算については、第2章で財産法による計算を学習した。そこでは期末資本（期末純資産）から期首資本（期首純資産）を差し引いて求められた。しかし、この方法には欠点がある。それは、どのような原因で純損益が発生したのかが、分からないという欠点である。

　この欠点を補完した別の計算方法がある。それは収益と費用の差額として純損益を計算する方法である。収益は資本（純資産）の増加原因を意味し、費用は資本（純資産）の減少原因を意味するため、この両者の差額として純損益を計算することで、欠点を補完することができる。等式で示すと次のとおりである。

　　収　　益　－　費　　用　＝　**当期純利益**（マイナスは**当期純損失**）

　このように収益と費用を比べて当期純損益を計算する方法を**損益法**という。損益法で求めた当期純損益と財産法で求めた当期純損益は一致する。

4．損益計算書

　企業は一会計期間における経営成績を明らかにするために、収益と費用の内容と、純利益の額を明らかにした報告書を作成する。この報告書のことを**損益計算書**（Profit and Loss Statement；P/LまたはIncome Statement；I/S）という。

例題3－1
　福岡商店の平成○年1月1日から平成○年12月31日の次の資料によって、損益計算書を作成しなさい。

資　料

| 商品売買益 | ¥19,000 | 受取手数料 | ¥1,000 | 給　　料 | ¥16,000 |
| 広　告　料 | 1,100 | 消耗品費 | 1,000 | 支払利息 | 900 |

解　答

損　益　計　算　書

福岡商店　　　　　　　　平成○年12月31日

費　　用	金　額	収　　益	金　額
給　　　料	16,000	商品売買益	19,000
広　告　料	1,100	受取手数料	1,000
消　耗　品　費	1,000		
支　払　利　息	900		
当　期　純　利　益	**1,000**		
	20,000		20,000

【練習問題】

1．次の各項目は収益・費用のいずれに属するか、答えなさい。
　　（1）広　告　費　　（2）受取手数料　　（3）支払家賃
　　（4）水道光熱費　　（5）給　　　料　　（6）消耗品費
　　（7）受取利息　　　（8）通　信　費　　（9）支払利息
　　（10）商品売買益

2．次の各文の（　　　）の中にあてはまるもっとも適当な語を答えなさい。
　（1）収益総額から費用総額を差し引いて当期純損益を計算する方法を（a　　　　　）という。

この差額（当期純損益）は、期末資本（期末純資産）から期首資本（期首純資産）を差し引いて計算（財産法）される当期純損益と（b　　　　　　）する。
(2) 企業の一会計期間における収益と費用の内容、つまり（c　　　　　　）を明らかにするために作成する報告書を（d　　　　　　）という。

3．次の表の空欄にあてはまる金額を計算しなさい。なお、純損失の場合は「－」（マイナス）で示すこと。

期首資本	期　　　末			収　益	費　用	当期純損失
	資　産	負　債	資　本			
150,000	a	140,000	b	210,000	160,000	c
620,000	945,000	d	753,000	e	452,000	f
310,000	500,000	g	h	630,000	660,000	i

4．佐賀商店の平成〇年1月1日から同年12月31日までの会計期間の収益と費用は次のとおりであった。よって、損益計算書を作成しなさい。

　　商品売買益　¥ 50,000　　受取利息　¥ 20,000　　給　　料　¥ 26,000
　　広　告　料　　15,000　　消耗品費　　　5,000　　支払利息　　11,000

第4章　取引と勘定

　ここではまず、簿記でいう取引とはどのようなものかについて学習する。次いで、その取引がどのように分類され、記録されるかについて学習する。簿記でいう取引は我々が日常的に使用している取引という用語とは異なることに注意する必要がある。

1．取引の意味

　簿記では、資産・負債・資本（純資産）を増減させたり、収益・費用を発生させたりする事象を**取引**（transaction）という。

　簿記でいう取引と、日常の用語で用いられる取引とは、ほとんど同じであるが、異なる部分もあるので注意する必要がある。

(1) 日常用語の取引が、簿記上でも取引となる場合
　　・商品の仕入れや売り上げ
　　・銀行からの現金の借り入れ
　　・給料、広告料および家賃などの支払い
(2) 日常用語の取引が、簿記上の取引とはならない場合
　　・土地や建物の賃貸契約
　　・商品売買の注文
　　・新入社員の雇用契約
　　｝資産・負債・資本（純資産）の増減および収益・費用の発生が**無い**。
(3) 日常用語の取引ではないが、簿記上の取引となる場合
　　・風水害による商品や建物の損害
　　・火災や地災による焼失・破損
　　・現金や商品の盗難
　　｝資産・負債・資本（純資産）の増減および収益・費用の発生が**有る**。

2．勘定の意味

簿記上の取引が生じると、会計担当者は資産・負債・資本（純資産）の増減や、収益・費用の発生を記録しなければならない。その際における記録・計算の単位を**勘定**（account；a/c）という。

勘定の記録形式は左右に区分されている。そして、その左側を**借方**（debit）といい、右側を**貸方**（credit）という。

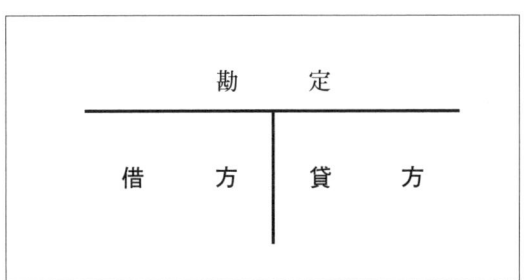

例えば、資産については、現金・売掛金・商品などの項目ごとにそれぞれの名称で勘定を設け、増減を記録する。このとき、各項目に付けられた名称のことを**勘定科目**（title of account）という。上図では、勘定と記されている箇所に現金・売掛金などの名称が付されることになる。

次に、貸借対照表と損益計算書におけるそれぞれの主な勘定科目を整理しておく。

貸借対照表項目	資産の勘定	現金・売掛金・商品・貸付金・建物・備品・土地など
	負債の勘定	買掛金・借入金など
	資本の勘定	資本金など
損益計算書項目	収益の勘定	商品売買益・受取手数料・受取利息など
	費用の勘定	給料・広告料・支払家賃・雑費・支払利息など

3．勘定口座

勘定ごとに、それぞれ増加額（または発生額）・減少額（または取消額）を記録・計算するために設けられた帳簿上の場所を**勘定口座**という。この勘定口座の形式には、**標準式**と**残高式**の二つがある。それぞれの形式を現金勘定について示すと次のとおりである。なお、記帳方法については、第6章で説明する。

標準式　　　　　　　　　　現　金

平成○年	摘　要	仕丁	借　方	平成○年	摘　要	仕丁	貸　方

残高式

平成○年	摘要	仕丁	借方	貸方	借または貸	残高

現金

標準式は、中央で二分され左右が同じ形になっている。これに対して、残高式は、右端に残高欄が設けられ、その勘定の残高（現在有高）が常時把握できるようになっている。実務では、残高式が多く用いられている。

4．勘定記入の方法

　資産・負債・資本（純資産）の各勘定への金額の記入は、当該勘定が貸借対照表のいずれの側に表示される勘定科目であるかに依存する。すなわち、**金額の増加が生じた場合、貸借対照表において借方側に表示される資産に属する勘定は、該当する勘定の借方に記入される。そして、貸方側に表示される負債および資本（純資産）に属する勘定は、該当する勘定の貸方側に記入される。**これに対して**金額の減少が生じた場合**は、逆側に記入されることになる。

　その関係を示すと、次のとおりである。

貸借対照表項目

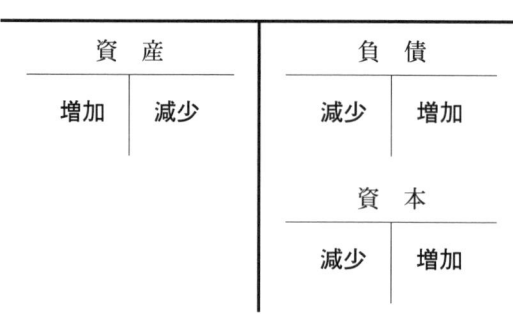

　収益・費用の各勘定への記入は、当該勘定が損益計算書のいずれの側に表示される勘定科目であるかに依存する。すなわち、**収益・費用が発生した場合、損益計算書において貸方側に表示されている収益に属する勘定は、該当する勘定の貸方側に記入される。そして、借方側に表示される費用に属する勘定は、該当する勘定の借方側に記入される。**

　その関係を示すと、次のとおりである。

損益計算書項目

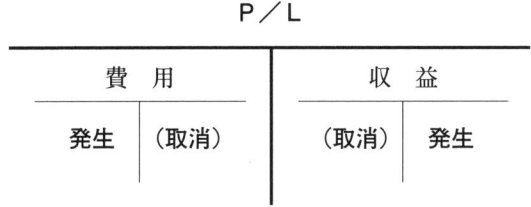

5．取引の分解と勘定記入

　簿記上の取引を、勘定への記入方法にしたがって勘定口座に正しく記入するためには、一つひとつの取引について、資産・負債・資本（純資産）の増減があったかどうか、あるいは収益・費用の発生があったかどうかを確認する必要がある。そのためには、取引を分解してみるとよい。

例題4－1
　次の取引を分解し、勘定記入の方法にしたがって、各勘定に記入しなさい。
① 備品¥300,000を購入し、代金は現金で支払った。
② 商品¥100,000（原価¥80,000）を売り渡し、代金は現金で受け取った。

解　答
　①の取引を分解すると、「備品¥300,000の購入」と「現金¥300,000の支払い」である。換言すると前者は、備品という資産が¥300,000増加したということである。そして後者は、現金という資産が¥300,000減少したということである。

　これを勘定に記入すると次のようになる。

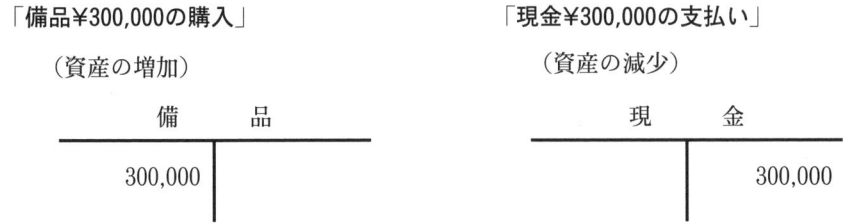

　②の取引を分解すると、「現金¥100,000の受け取り」と「商品¥80,000の減少」と「商品の売買による収益¥20,000の発生」である。換言するとそれぞれ、現金という資産の増加が¥100,000、商品という資産の減少が¥80,000、そして、商品売買益という収益の発生が¥20,000ということである。

これを勘定に記入すると次のようになる。

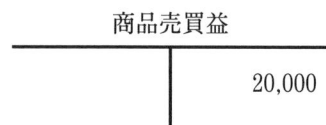

次に例題4-1の取引について、取引要素の結びつきについて考えてみる。
①の取引では、

備品（資産）¥300,0000の増加 ⟷ 現金（資産）¥300,000の減少

という結びつきになる。

②の取引では、

という結びつきになる。
ここで一つの特徴が検出される。それは、①の取引も②の取引もそれぞれ左右の金額が同額になっているということである。

以上の分解から、取引は必ず、資産・負債・資本（純資産）の増加・減少、および収益・費用の発生という要素が、対立して結びついていることが分かる。このことを、**取引の二面性（二重性）**という。

例題4-2
　次の福岡商店の取引について、資産・負債・資本（純資産）の増減や、収益・費用の発生がどのように結びついているか取引を分解しなさい。

取　引

5月1日　福岡商店は、現金¥1,000,000を元入れして、営業を開始した。
　　2日　事務用机・椅子などの備品¥300,000を現金で買い入れた。
　　7日　天神商店から商品¥200,000を仕入れ、代金は掛けとした。
　　10日　佐賀商店に商品¥150,000（原価¥120,000）を売り渡し、代金は現金で受け取った。
　　12日　西九州銀行から、現金¥500,000を借り入れた。
　　15日　長崎商店に商品¥200,000（原価¥180,000）を売り渡し、代金のうち¥150,000は現金で受け取り、残額は掛けとした。
　　18日　天神商店に対する買掛金のうち¥120,000を現金で支払った。
　　21日　従業員に本月分の給料¥70,000を現金で支払った。
　　25日　長崎商店から、売掛金¥50,000を現金で受け取った。
　　31日　西九州銀行から借り入れている借入金のうち¥200,000を、利息¥2,000とともに現金で支払った。

解　答

5月1日　現金（資産）¥1,000,000の増加　⟷　資本金（資本）¥1,000,000の増加
　　2日　備品（資産）¥300,000の増加　⟷　現金（資産）¥300,000の減少
　　7日　商品（資産）¥200,000の増加　⟷　買掛金（負債）¥200,000の増加
　　10日　現金（資産）¥150,000の増加　⟷　商品（資産）¥120,000の減少
　　　　　　　　　　　　　　　　　　　　　　商品売買益（収益）¥30,000の発生
　　12日　現金（資産）¥500,000の増加　⟷　借入金（負債）¥500,000の増加
　　15日　現金（資産）¥150,000の増加　⟷　商品（資産）¥180,000の減少
　　　　　売掛金（資産）¥50,000の増加　⟷　商品売買益（収益）¥20,000の発生
　　18日　買掛金（負債）¥120,000の減少　⟷　現金（資産）¥120,000の減少
　　21日　給料（費用）¥70,000の発生　⟷　現金（資産）¥70,000の減少
　　25日　現金（資産）¥50,000の増加　⟷　売掛金（資産）¥50,000の減少
　　31日　借入金（負債）¥200,000の減少　⟷　現金（資産）¥202,000の減少
　　　　　支払利息（費用）¥2,000の発生

これらの取引の結びつきを図示すると、以下のような取引要素の結合関係になる。

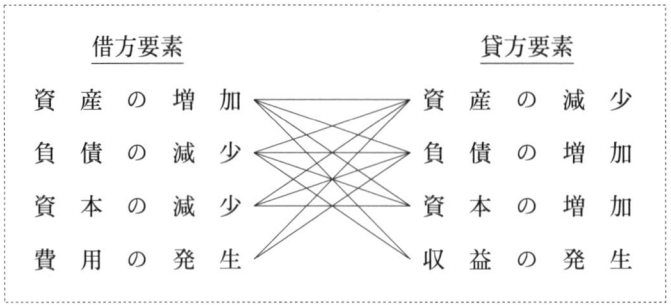

例題4－3
例題4－2の取引の分解にもとづいて、勘定口座に記入しなさい。なお、どの取引を転記したものかが分かるように、金額の左側に日付を付すこと。

解　答

貸　借　対　照　表　項　目

《資産の項目》

現　　　金

5/1	1,000,000	5/2	300,000
10	150,000	18	120,000
12	500,000	21	70,000
15	150,000	31	202,000
25	50,000		

売　掛　金

5/15	50,000	5/25	50,000

商　　　品

5/7	200,000	5/10	120,000
		15	180,000

備　　　品

5/2	300,000		

《負債の項目》

買　掛　金

5/18	120,000	5/7	200,000

借　入　金

5/31	200,000	5/12	500,000

《資本（純資産）の項目》

資　本　金

		5/1	1,000,000

損 益 計 算 書 項 目

《費用の項目》

給　　料	
5/21　70,000	

《収益の項目》

商品売買益	
	5/10　30,000
	15　20,000

支 払 利 息	
5/31　2,000	

6．貸借平均の原則

　一つの取引を勘定に記入する場合、借方に記入された金額と、貸方に記入された金額は、必ず一致する。したがって、すべての勘定の記録を集め借方・貸方をそれぞれ区別して合計すると、その合計金額は等しくなる。このことを**貸借平均の原則**（equilibrium principle）という。

　すなわち次のような関係式が成り立つ。

勘定全部の借方合計金額　＝　勘定全部の貸方合計金額

【練習問題】
1．次の事柄について、簿記上の取引となるものには○を、ならないものには×を記しなさい。
　(1) 商品¥200,000を仕入れ、代金は月末に支払うことにした。
　(2) 建物を借りる契約を締結した。
　(3) 現金¥1,000,000を元入れして営業を開始した。
　(4) 火災によって、商品¥300,000が焼失した。
　(5) 商品¥400,000を倉庫会社に保管してもらった。

2．次の取引を勘定口座に記入し、すべての勘定の借方合計金額と貸方合計金額を集計しなさい。
　なお、金額の左側に日付を付すこと。

取　引
　6月1日　現金¥2,000,000を元入れして開業した。
　　　2日　営業用備品を¥500,000を現金で買い入れた。
　　　5日　商品¥250,000を仕入れ、代金は掛けとした。
　　　8日　商品¥150,000（原価¥120,000）を売り渡し、代金は掛けとした。

14日 商品¥350,00を仕入れ、代金は掛けとした。
19日 商品¥240,000（原価¥200,000）を売り渡し、代金のうち¥150,000は現金で受け取り、残額は掛けとした。
22日 売掛金のうち¥100,000を現金で受け取った。
26日 買掛金のうち¥200,000を現金で支払った。
30日 本月分の家賃¥50,000を現金で支払った。

第5章　仕訳と転記

　簿記では取引を各勘定口座に記入するに際して、事前にお膳立てをする。勘定口座への記入を間違いなく行うためなどの理由からである。ここではそのお膳立ての手法である仕訳について学習する。

1．仕　　訳

　前章では、取引が発生すると、それを分解し、各勘定口座に直接記入した。しかし、この方法を採ると、記入もれや誤りが生じる可能性がある。そこで、取引を勘定口座に正確に記入するための準備作業（お膳立て）が必要になる。この作業のことを**仕訳**（journalizing）という。

　仕訳は取引の分解を行った後、次の手順で考えて行くことになる。

① どの勘定科目に記入するのか？
　　　　↓
② 借方・貸方のいずれに記入するのか？
　　　　↓
③ 記入する金額はいくらであるか？

例題 5－1
　次の取引を分解し、上記①から③の手順にしたがって判断・決定を行い、仕訳をしなさい。

取引：商品¥50,000を仕入れ、代金は掛けとした。

解　答
取引の分解

　　　商品（資産）¥50,000の増加　⟷　買掛金（負債）¥50,000の増加

① 勘定科目の判断・決定
　　　商品勘定 と *買掛金勘定*

② 貸借記入の判断・決定
　　商品という資産の増加は借方に記入
　　買掛金という負債の増加は貸方に記入

③ 金額の判断・決定
　　商品（資産）の増加が¥50,000
　　買掛金（負債）の増加が¥50,000

以上のような判断・決定の結果として、次のような仕訳が行われることになる。

　　（借）商　　　品　50,000　　　（貸）買掛金　50,000

　仕訳は借方側（左側）と貸方側（右側）に分けて行われている。①の判断・決定で記入する勘定科目が明確になったら、②で借方・貸方のいずれに記入するかを判断・決定するわけであるが、借方側に記入する場合は中央から見て左側に、貸方側に記入する場合は中央から見て右側に、勘定科目を記入することになる。そして、③で判断・決定した金額をそれぞれ勘定科目の右側に記入することで、一つの仕訳が完了する。
　仕訳の結果をよく見ると、取引の分解で示した関係と同じ関係が記されていることが分かる。

例題5－2
次の取引の仕訳をしなさい。

取　引
5月1日　現金¥1,000,000を元入れして、福岡商店を開業した。
　　5日　佐賀商店から商品¥500,000を仕入れ、代金は掛けとした。
　　13日　大分商店に商品¥250,000（原価¥200,000）を売り渡し、代金は現金で受け取った。
　　15日　佐賀商店に対する買掛金のうち¥300,000を現金で支払った。
　　17日　山口商店から事務用の机・いす¥150,000を買い入れ、代金は現金で支払った。
　　20日　長崎商店から商品¥400,000を仕入れ、代金のうち¥100,000は現金で支払い、残額は掛けとした。
　　23日　熊本商店に商品¥350,000（原価¥280,000）を売り渡し、代金は掛けとした。
　　25日　従業員に本月分の給料¥170,000を現金で支払った。
　　30日　熊本商店に対する売掛金のうち¥250,000を現金で受け取った。

解　答

	借方科目	金　額	貸方科目	金　額
5／1	現　　　金	1,000,000	資　本　金	1,000,000
5	商　　　品	500,000	買　掛　金	500,000
13	現　　　金	250,000	商　　　品	200,000
			商品売買益	50,000
15	買　掛　金	300,000	現　　　金	300,000
17	備　　　品	150,000	現　　　金	150,000
20	商　　　品	400,000	現　　　金	100,000
			買　掛　金	300,000
23	売　掛　金	350,000	商　　　品	280,000
			商品売買益	70,000
25	給　　　料	170,000	現　　　金	170,000
30	現　　　金	250,000	売　掛　金	250,000

2．転　記

　前節で行った仕訳は、いわば各勘定口座へ記入するための事前準備であった。次にこの仕訳を各勘定口座に記入することになるが、この仕訳を勘定口座に記入する作業のことを**転記**（posting）という。

　ここでは次の手順を踏む。ただし、①と②はいずれが先でもかまわない。

①**借方に仕訳をした勘定科目は、その勘定口座の借方に金額を記入**する。併せて、日付も記入する。これは、いつの取引であるかを明らかにするためである。

②**貸方に仕訳をした勘定科目は、その勘定口座の貸方に金額を記入**する。併せて、①と同じ理由で、日付も記入する。

注）日付と金額に併せてさらに、相手科目を記入すると、その取引の内容まで、ある程度分かる。相手科目を記入する場合は、日付と金額の間に、記入することになる。

例題 5 − 3
例題 5 − 2 の仕訳を各勘定口座（T字形）に転記しなさい。

解　答

	現　　　金		
5 / 1	1,000,000	5 /15	300,000
13	250,000	17	150,000
30	250,000	20	100,000
		25	170,000

	売　掛　金		
5 /23	350,000	5 /30	250,000

	商　　　品		
5 / 5	500,000	5 /13	200,000
20	400,000	23	280,000

	備　　　品	
5 /17	150,000	

	買　掛　金		
5 /15	300,000	5 / 5	500,000
		20	300,000

	資　本　金	
	5 / 1	1,000,000

	商品売買益	
	5 /13	50,000
	23	70,000

	給　　　料	
5 /25	170,000	

【練習問題】

1．次の各文の（　　　）の中に、もっとも適切な用語を記入しなさい。
　（1）取引を分解して、どの（a　　　　）の借方・貸方のいずれ側に、いくらの金額を記入するかを明らかにことを（b　　　　）という。
　（2）仕訳から各勘定口座に金額を記入することを（c　　　　）という。

2．次の取引の仕訳をしなさい。

取　引

6月5日　商品¥70,000を仕入れ、代金は掛けとした。
　　10日　商品¥60,000（原価¥40,000）を売り渡し、代金は掛けとした。
　　15日　売掛金¥30,000を現金で受け取った。
　　20日　従業員に給料¥40,000を現金で支払った。
　　25日　売掛金¥20,000を現金で受け取った。

3．上記取引（2．）で行った仕訳を、各勘定口座に転記しなさい。日付と金額を記入すること。

第6章　仕訳帳と総勘定元帳

　ここでは、仕訳帳と総勘定元帳（元帳ともいう）の記入方法について学習する。すべての取引を発生した順に記入する帳簿を仕訳帳といい、すべての勘定口座を集めた帳簿を総勘定元帳という。仕訳帳や総勘定元帳は、すべての取引を記入する大切な帳簿なので、これらを主要簿という。

1．仕訳帳

　仕訳帳（journal）とは、すべての取引を発生した順に記入する帳簿である。仕訳帳は次のように記入する。

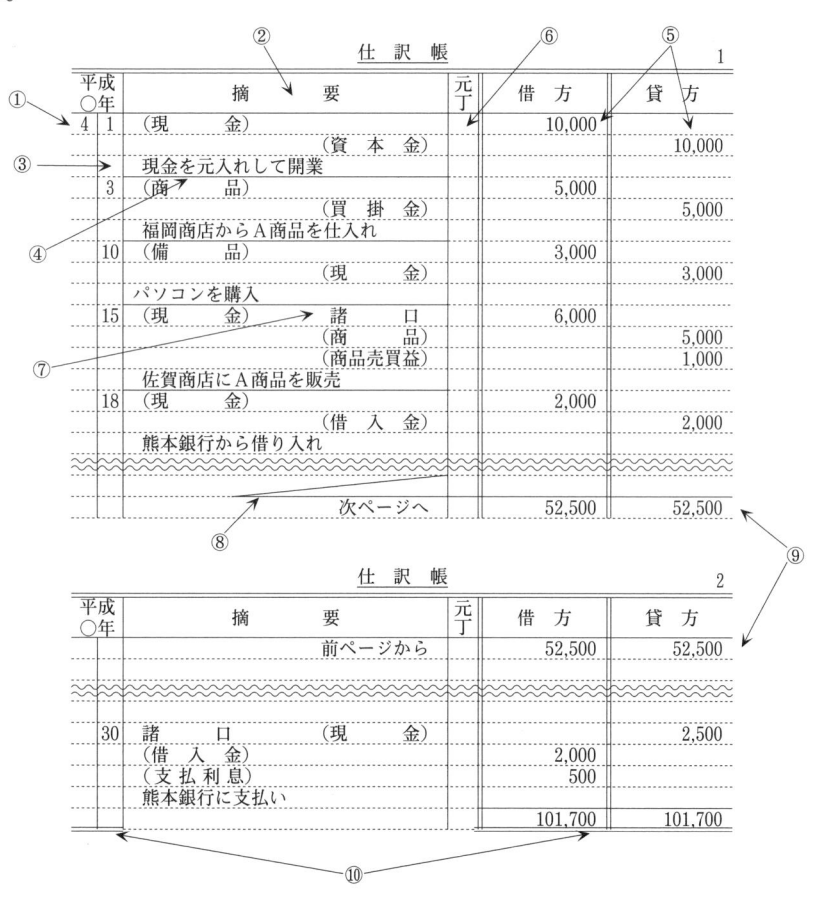

仕　訳　帳　　　　　　　　　　　1

平成○年		摘　　　　要	元丁	借　方	貸　方
4	1	（現　　金）		10,000	
		（資　本　金）			10,000
		現金を元入れして開業			
	3	（商　　品）		5,000	
		（買　掛　金）			5,000
		福岡商店からA商品を仕入れ			
	10	（備　　品）		3,000	
		（現　　金）			3,000
		パソコンを購入			
	15	（現　　金）　　諸　　口		6,000	
		（商　　品）			5,000
		（商品売買益）			1,000
		佐賀商店にA商品を販売			
	18	（現　　金）		2,000	
		（借　入　金）			2,000
		熊本銀行から借り入れ			
		次ページへ		52,500	52,500

仕　訳　帳　　　　　　　　　　　2

平成○年		摘　　　　要	元丁	借　方	貸　方
		前ページから		52,500	52,500
	30	諸　　口　　（現　　金）			2,500
		（借　入　金）		2,000	
		（支　払　利　息）		500	
		熊本銀行に支払い			
				101,700	101,700

【仕訳帳の記入について】

① 取引の発生した月と日を記入する。ただし、月が変わらない場合は、ページの最初にだけ記入すればよい。
② 摘要欄に仕訳の勘定科目と小書きを記入する。左側を借方、右側を貸方と考え、それぞれに括弧をつけて記入する。
③ 小書きは取引の要約を記入する。
④ 次の取引を記入するときに区切り線を摘要欄に引く。
⑤ 仕訳した科目と同じ行に、金額をそれぞれ記入する。
⑥ 総勘定元帳の勘定口座に転記した後、その勘定口座のページ数または番号を記入する。
⑦ 勘定科目が2つ以上あるときは勘定科目の上に「諸口」と記入し、括弧は付けない。
⑧ 次ページへ移る場合や仕訳帳を締め切る場合は借方・貸方欄に合計線を引いて金額を合計する。余白がある場合は、斜線を引く。
⑨ 次のページへ移る場合、「次ページへ」と記入し、合計金額を計算して一致することを確認する。次ページには、「前ページから」と記入し金額を同じ行に記入する。
⑩ 締め切り線を引く。

例題6－1

次の取引について、仕訳帳に記入しなさい。

8月1日　現金¥300,000を元入れして、店を開業した。
　　3日　山口商店から商品¥100,000を仕入れ、代金は現金で支払った。

仕　訳　帳　　　　　　　　　1

平成○年		摘　　　要	元丁	借　方	貸　方
8	1	（現　　金）		300,000	
		（資　本　金）			300,000
		現金を元入れして開業			
	3	（商　　品）		100,000	
		（現　　金）			100,000
		山口商店から商品を仕入れ			

2．総勘定元帳

総勘定元帳（general ledger）は、すべての勘定口座を集めた帳簿である。総勘定元帳は次のように記入する。

(a) 標準式

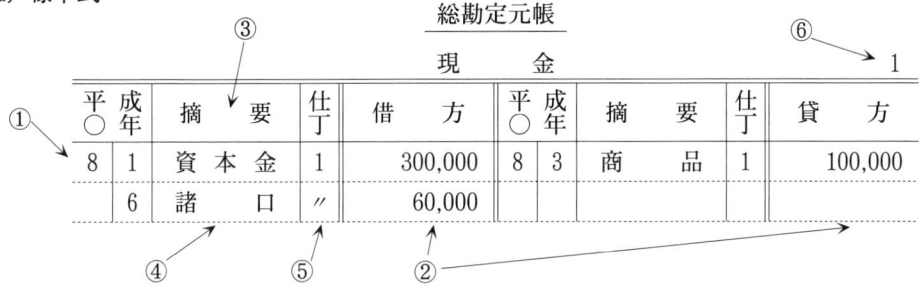

総勘定元帳
現　金　　　　　　　　　⑥→1

平成○年		摘　要③	仕丁	借　方	平成○年		摘　要	仕丁	貸　方
8	1	資　本　金	1	300,000	8	3	商　品	1	100,000
	6	諸　口	〃	60,000					

①（平成○年へ）　④（諸口へ）　⑤（仕丁へ）　②（金額へ）

【総勘定元帳（標準式）の記入について】
① 仕訳帳の月日を記入する。
② 金額を記入する。
③ 仕訳の相手の勘定科目を記入する。
④ 相手の勘定科目が２つ以上ある場合は「諸口」と記入する。
⑤ 仕訳帳のページ数を記入する。同じページの場合は「〃」と記入する。
⑥ 勘定口座の番号またはページ数で、転記した後に仕訳帳の元帳欄に記入する。

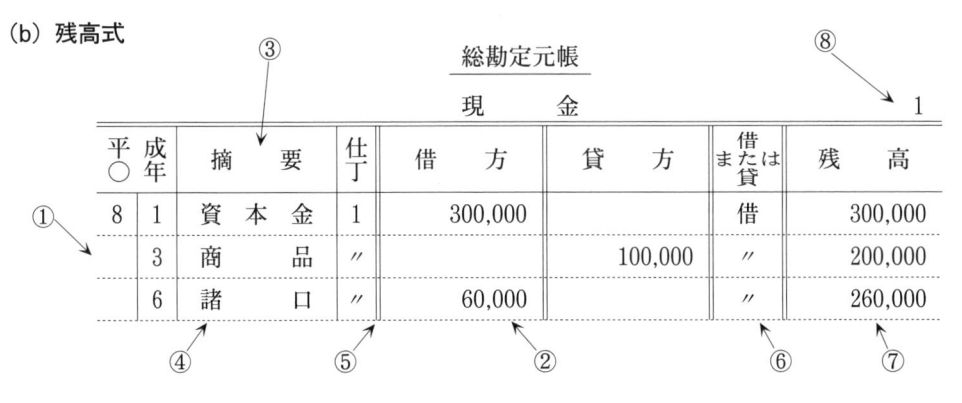

(b) 残高式

総勘定元帳
現　金　　　　　　　　　⑧→1

平成○年		摘　要③	仕丁	借　方	貸　方	借または貸	残　高
8	1	資　本　金	1	300,000		借	300,000
	3	商　品	〃		100,000	〃	200,000
	6	諸　口	〃	60,000		〃	260,000

①　④　⑤　②　⑥　⑦

【総勘定元帳（残高式）の記入について】
① 仕訳帳の月日を記入する。
② 金額を記入する。
③ 仕訳の相手の勘定科目を記入する。
④ 相手の勘定科目が２つ以上ある場合は「諸口」と記入する。
⑤ 仕訳帳のページ数を記入する。同じページの場合は「〃」と記入する。

⑥ 残高が借方か貸方かを記入する。
⑦ 残高の金額を記入する。
⑧ 勘定口座の番号またはページ数で、転記した後に仕訳帳の元帳欄に記入する。

例題6-2

次の仕訳帳から総勘定元帳への転記①標準式②残高式への転記を完成させなさい。なお小書きは省略している。

仕 訳 帳　　　　　　　　　　1

平成○年		摘　要	元丁	借　方	貸　方
9	1	（現　　金）	1	200,000	
		（資　本　金）	5		200,000
	4	（商　　品）	2	15,000	
		（買　掛　金）	4		15,000
	25	（備　　品）	3	12,000	
		（現　　金）	1		12,000

① 標準式

総勘定元帳

現　金　　　　　　　　　　1

平成○年	摘　要	仕丁	借　方	平成○年	摘　要	仕丁	貸　方
9	1	資本金	1	200,000	9	25	備品	1	12,000

商　品　　　　　　　　　　2

平成○年	摘　要	仕丁	借　方	平成○年	摘　要	仕丁	貸　方
9	4	買掛金	1	15,000					

備　品　　　　　　　　　　3

平成○年	摘　要	仕丁	借　方	平成○年	摘　要	仕丁	貸　方
9	25	現金	1	12,000					

買　掛　金　　　　　　　　　　4

平成○年	摘　要	仕丁	借　方	平成○年	摘　要	仕丁	貸　方
					9	4	商品	1	15,000

資　本　金　　　　　　　　　　5

平成○年	摘　要	仕丁	借　方	平成○年	摘　要	仕丁	貸　方
					9	1	現金	1	200,000

② 残高式

総勘定元帳

現　金　　1

平成○年		摘　要	仕丁	借　方	貸　方	借または貸	残　高
9	1	資 本 金	1	200,000		借	200,000
	25	備　　品	〃		12,000	〃	188,000

商　品　　2

平成○年		摘　要	仕丁	借　方	貸　方	借または貸	残　高
9	4	買 掛 金	1	15,000		借	15,000

備　品　　3

平成○年		摘　要	仕丁	借　方	貸　方	借または貸	残　高
9	25	現　　金	1	12,000		借	12,000

買　掛　金　　4

平成○年		摘　要	仕丁	借　方	貸　方	借または貸	残　高
9	4	商　　品	1		15,000	貸	15,000

資　本　金　　5

平成○年		摘　要	仕丁	借　方	貸　方	借または貸	残　高
9	1	現　　金	1		200,000	貸	200,000

【練習問題】

次の取引を仕訳帳に記入し、総勘定元帳に転記しなさい。

8月1日　現金¥500,000を元入れして、商品売買業を開始した。
　　5日　栃木商店から商品¥400,000を掛けで仕入れた。
　　12日　新潟商店に商品¥150,000（原価¥120,000）を売り渡し、代金のうち¥70,000は現金で受け取り、残額は掛けとした。
　　18日　群馬商店に対する買掛金¥30,000を現金で支払った。
　　25日　従業員に給料¥120,000を現金で支払った。

第7章　試算表

　ここでは、試算表の作成と意義について学習する。企業は、日々の取引の記録を仕訳帳に記入し、総勘定元帳へ転記を行っている。その転記が正しく行われたどうかを検証するために、試算表（Trial Balance sheet；T/B）を作成する。この試算表の種類は、勘定口座の借方合計と貸方合計を記入する合計試算表、勘定口座の残高を記入する残高試算表、合計試算表と残高試算表を合わせた合計残高試算表がある。特に、決算の前に作成される試算表は、貸借対照表および損益計算書を作成するための資料にもなる。

1．試算表の種類

(1) 合計試算表

　合計試算表では、各勘定口座の借方と貸方を合計する。そして、同じ勘定科目の欄の借方と貸方にそれぞれ記入していく。現金勘定と買掛金勘定を例に記入を示す。

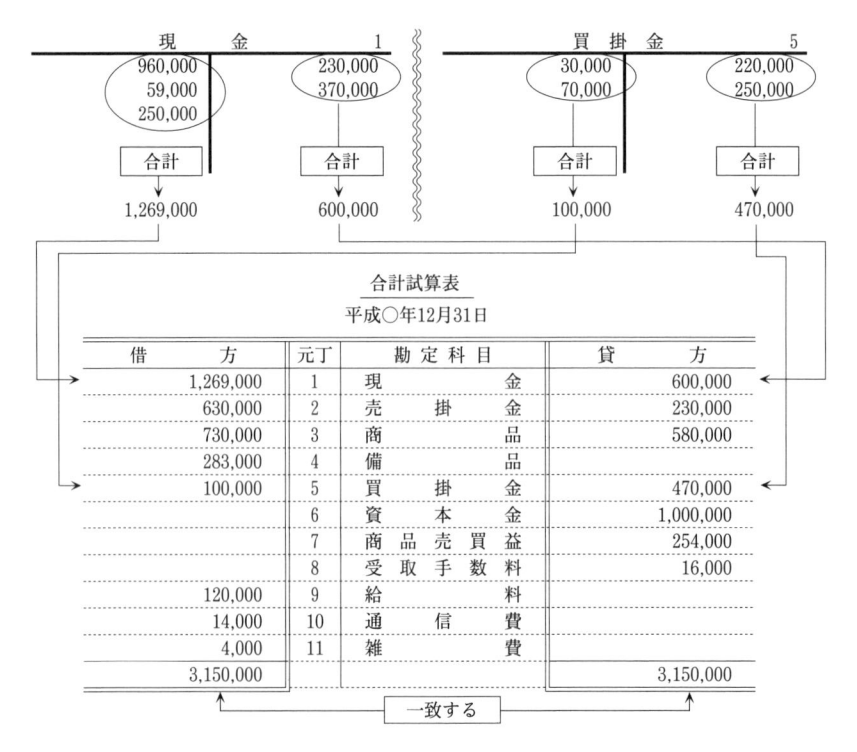

	現　　金	1			買　掛　金	5	
	960,000	230,000			30,000	220,000	
	59,000	370,000			70,000	250,000	
	250,000						

合計　1,269,000　　合計　600,000　　合計　100,000　　合計　470,000

合計試算表
平成○年12月31日

借　　方	元丁	勘定科目	貸　　方
1,269,000	1	現　　　　金	600,000
630,000	2	売　　掛　　金	230,000
730,000	3	商　　　　品	580,000
283,000	4	備　　　　品	
100,000	5	買　　掛　　金	470,000
	6	資　　本　　金	1,000,000
	7	商　品　売　買　益	254,000
	8	受　取　手　数　料	16,000
120,000	9	給　　　　料	
14,000	10	通　　信　　費	
4,000	11	雑　　　　費	
3,150,000			3,150,000

一致する

その他の勘定口座も借方と貸方を合計して、それぞれ記入していく。貸方合計と借方合計は、一致する。

(2) 残高試算表

残高試算表は、各勘定口座の勘定残高を記入した試算表である。現金勘定と買掛金勘定を例に示すと次のようになる。

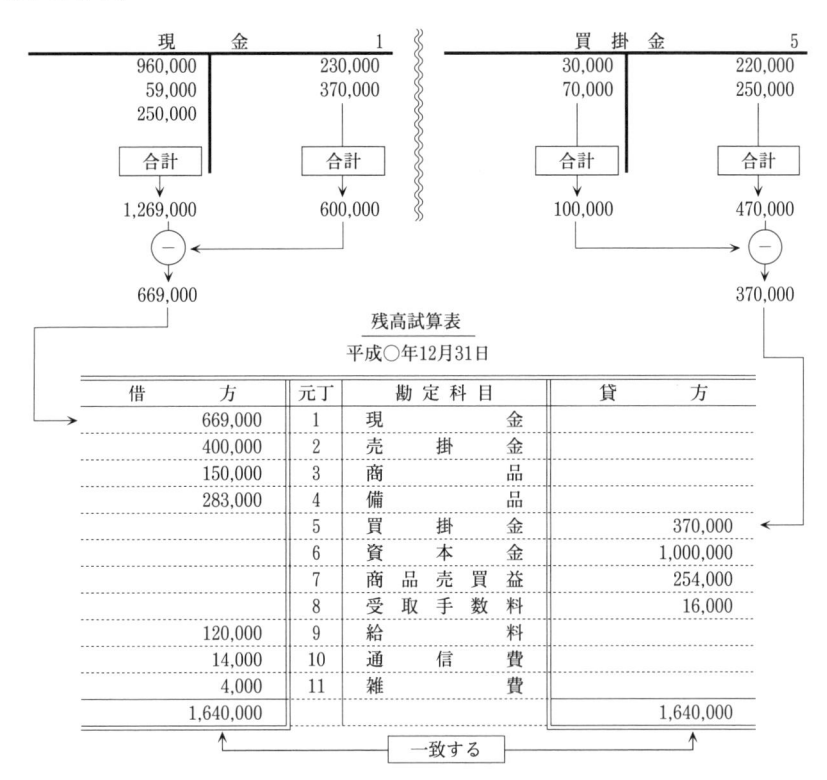

```
        現    金    1              買  掛  金    5
     960,000   230,000          30,000   220,000
      59,000   370,000          70,000   250,000
     250,000
     [合計]    [合計]           [合計]    [合計]
    1,269,000  600,000         100,000   470,000
        (−)                        (−)
      669,000                            370,000
```

残高試算表
平成○年12月31日

借　　方	元丁	勘 定 科 目	貸　　方
669,000	1	現　　　　　金	
400,000	2	売　　掛　　金	
150,000	3	商　　　　　品	
283,000	4	備　　　　　品	
	5	買　　掛　　金	370,000
	6	資　　本　　金	1,000,000
	7	商 品 売 買 益	254,000
	8	受 取 手 数 料	16,000
120,000	9	給　　　　　料	
14,000	10	通　　信　　費	
4,000	11	雑　　　　　費	
1,640,000			1,640,000

　　　　　　　　一致する

(3) 合計残高試算表

合計残高試算表は、合計試算表と残高試算表を合わせた試算表である。

合 計 残 高 試 算 表
平成○年12月31日

借　方 残　高	借　方 合　計	元丁	勘 定 科 目	貸　方 合　計	貸　方 残　高
669,000	1,269,000	1	現　　　　　金	600,000	
400,000	630,000	2	売　　掛　　金	230,000	
150,000	730,000	3	商　　　　　品	580,000	
283,000	283,000	4	備　　　　　品		
	100,000	5	買　　掛　　金	470,000	370,000
		6	資　　本　　金	1,000,000	1,000,000
		7	商 品 売 買 益	254,000	254,000
		8	受 取 手 数 料	16,000	16,000
120,000	120,000	9	給　　　　　料		
14,000	14,000	10	通　　信　　費		
4,000	4,000	11	雑　　　　　費		
1,640,000	3,150,000			3,150,000	1,640,000

2．試算表の意義

(1) 試算表の性質

　ここで、試算表の性質について、考えてみたい。簿記では、日々の取引を仕訳し、そして総勘定元帳へと転記する。そして、各勘定の合計を試算表に記入し、合計試算表を作成する。

　試算表は、仕訳帳の借方と貸方を勘定ごとに集計していった表であるといえる。つまり、仕訳は、借方と貸方が一致しているので、試算表の借方と貸方は一致するはずである。第4章でも述べたように、この借方と貸方が一致することを、**貸借平均の原則**という。

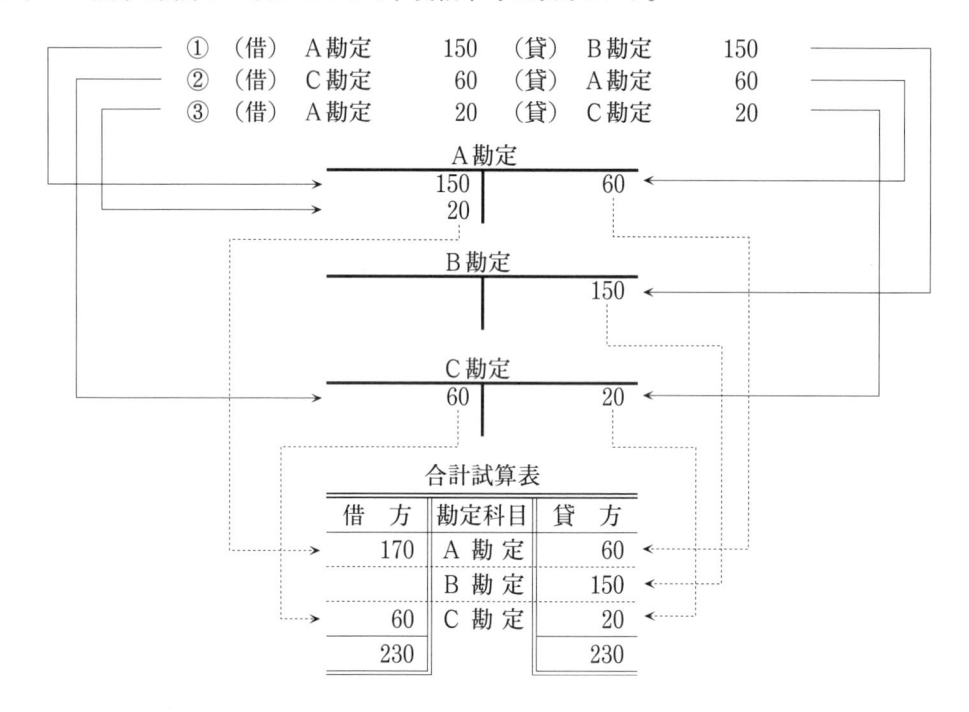

```
① （借）  A勘定    150   （貸）  B勘定    150
② （借）  C勘定     60   （貸）  A勘定     60
③ （借）  A勘定     20   （貸）  C勘定     20
```

	A勘定	
150		60
20		

	B勘定	
		150

	C勘定	
60		20

合計試算表

借　方	勘定科目	貸　方
170	A　勘　定	60
	B　勘　定	150
60	C　勘　定	20
230		230

そして、合計試算表の借方合計と貸方合計は、すべての仕訳の借方合計と貸方合計を計算したことになるので、仕訳帳の借方合計と貸方合計と一致するはずである。

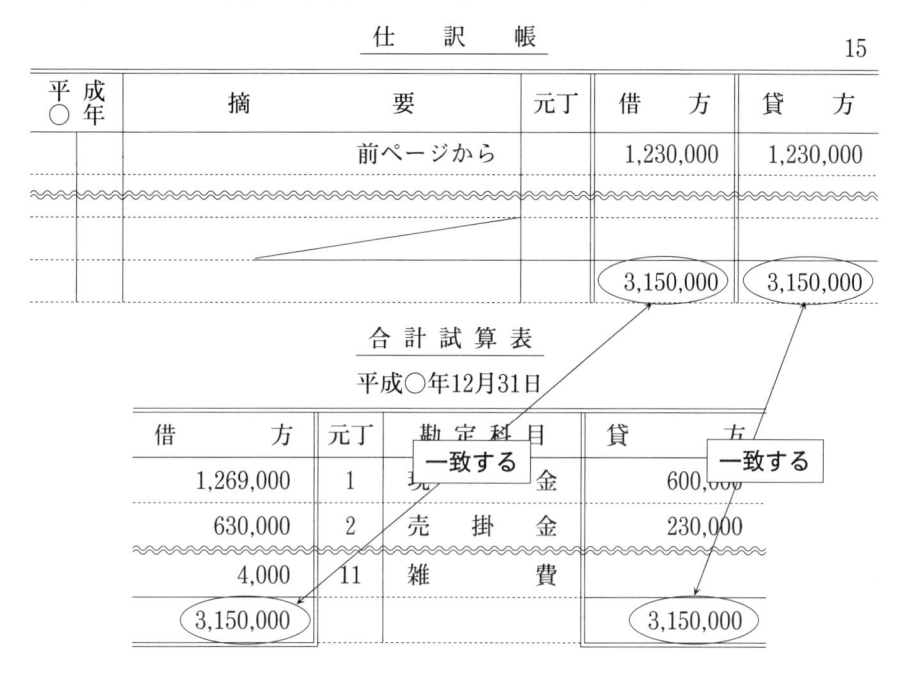

仕 訳 帳   15

平成○年	摘 要	元丁	借 方	貸 方
	前ページから		1,230,000	1,230,000
			3,150,000	3,150,000

合 計 試 算 表
平成○年12月31日

借 方	元丁	勘定科目	貸 方
1,269,000	1	現　　金	600,000
630,000	2	売 掛 金	230,000
4,000	11	雑　　費	
3,150,000			3,150,000

一致する　　一致する

(2) 試算表で見つかる誤り

それでは、試算表作成のときに見つかる誤りについて、確認してみる。

例えば、次の仕訳の例で考えてみたい。

　　（借）商　　品　　100　　（貸）現　　金　　100

(a) 仕訳をしたのに転記していなかった。

仕訳をしたのに転記していなかった場合、仕訳帳と合計試算表の合計金額が一致しない、ことになる。

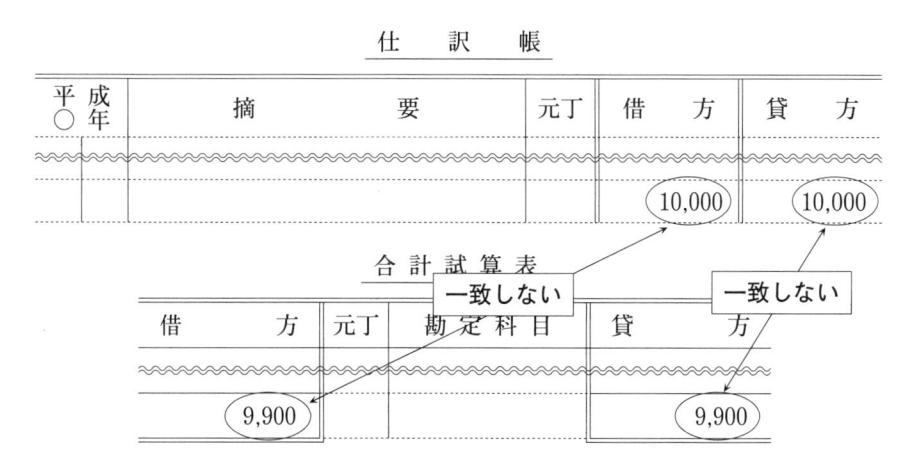

仕 訳 帳

平成○年	摘 要	元丁	借 方	貸 方
			10,000	10,000

合 計 試 算 表

借 方	元丁	勘定科目	貸 方
9,900			9,900

一致しない　　一致しない

37

(b) 仕訳をしたのに金額を両方とも借方または貸方に転記していた。

仕訳をしたのに、金額を両方とも借方または貸方に記入していた場合は、試算表の合計が一致せず、しかも差額は、もとの金額の2倍になる。

```
        現    金                    商    品
       100  |                      100  |
```

合 計 試 算 表

借　　　方	元丁	勘 定 科 目	貸　　　方
〰〰〰〰〰	〰〰	〰〰〰〰〰	〰〰〰〰〰
10,100			9,900

(c) 仕訳をしたのに金額を借方または貸方のどちらか片方のみに転記していた。

仕訳の金額を借方または貸方のどちらか片方のみを転記していた場合は、試算表の合計額が一致しない。

```
        現    金                    商    品
            |                      100  |
```

合 計 試 算 表

借　　　方	元丁	勘 定 科 目	貸　　　方
〰〰〰〰〰	〰〰	〰〰〰〰〰	〰〰〰〰〰
10,000			9,900

(d) 転記するときに、金額を間違えた。

転記した場合に、どちらかの金額を間違えていた場合も、試算表の合計額は、一致しない。

```
        現    金                    商    品
            |  10                  100  |
```

合 計 試 算 表

借　　　方	元丁	勘 定 科 目	貸　　　方
〰〰〰〰〰	〰〰	〰〰〰〰〰	〰〰〰〰〰
10,000			9,910

(3) 試算表で見つからない誤り

試算表で分からない誤りもある。次にその例をあげる。

(a) 借方と貸方をまったく逆にして転記していた。

正しくは、

　　　　（借）商　　品　　100　　（貸）現　　金　　100

であるのに、現金借方、商品貸方に転記していた場合は、試算表の合計は一致し、誤りが見つからない。

```
        現　　金                            商　　品
         100 |                                    | 100
```

(b) 勘定科目を誤って転記した場合

仕訳が、正しいのに、

　　　　（借）商　　品　　100　　（貸）現　　金　　100

勘定科目は、売掛金と買掛金に転記してしまった場合も、金額は誤ってないので、見つからない。

```
        売 掛 金                            買 掛 金
         100 |                                    | 100
```

(c) 勘定科目を誤って仕訳した場合

正しくは、

　　　　（借）商　　品　　100　　（貸）現　　金　　100

誤って、次のように仕訳

　　　　（借）買 掛 金　　100　　（貸）現　　金　　100

金額は誤ってないので、分からない。

(d) 2つ以上の誤りが偶然かさなった場合も分からない。

正しくは、

　　　　（借）現　　金　　100　　（貸）売 掛 金　　100
　　　　（借）給　　料　　 50　　（貸）現　　金　　 50

とすべきところを誤って、

　　　　（借）現　　金　　100　　（貸）売 掛 金　　 50
　　　　（借）給　　料　　 50　　（貸）現　　金　　100

としていた場合も、仕訳では誤りであるが、合計金額が一致するため、分からないことになる。

(e) 取引はあったが、仕訳をしていなかった場合も、見つけることは、できない。

【練習問題】

1．次の仕訳帳の仮締切りを行い、総勘定元帳から合計残高試算表を作成しなさい。ただし、仕訳帳の6月30日分は、すでに転記済みである。

仕 訳 帳　　　　　　　　　13ページ

平成○年		摘　　　要	元丁	借　方	貸　方
		前ページから		3,194,000	3,194,000
6	30	（給　　料）	9	1,000	
		（現　　金）	1		1,000
		6月分支払い			

総 勘 定 元 帳

現　　金　　1		売　掛　金　2
1,260,000 ｜ 785,000		550,000 ｜ 240,000

商　　品　　3		備　　品　　4
640,000 ｜ 420,000		350,000 ｜

買　掛　金　5		借　入　金　6
250,000 ｜ 600,000		70,000 ｜ 130,000

資　本　金　7		商品売買益　8
｜ 810,000		｜ 210,000

給　　料　　9		雑　　費　　10
72,000 ｜		3,000 ｜

2．次の取引から、合計試算表を作成しなさい。

（1）現金元入れ　¥500,000
（2）商品仕入れ　現金仕入れ　¥350,000　　掛け仕入れ　¥230,000
（3）商品売上げ　商品原価　¥450,000　現金売上げ　¥400,000　掛け売上げ　¥365,000
（4）銀行より借り入れ　現金　¥200,000
（5）営業用　机・椅子購入　¥150,000
（6）掛け代金現金受取り　¥222,000
（7）掛け代金現金支払い　¥120,000
（8）仲介手数料受取り　¥35,000
（9）経費現金支払い　給料　¥70,000　　水道電気代　¥4,300　　家賃　¥12,000
　　　　　　　　　　　雑費　¥ 3,500　　利息　　　　¥1,200

第8章 決 算 Ⅰ

　ここでは、決算手続きについて学習する。これまで、取引から仕訳帳・総勘定元帳に記帳する日常の手続きを学習してきたが、会計期間の期末には、**財務諸表**（Financial Statements）を作成しなければならない。企業は期末の時点で、期中に記録された仕訳帳と総勘定を締め切り、財務諸表を作成する手続きを行う。この一連の手続きを**決算**という。

1．簿記一巡の手続き

　日常の手続きから財務諸表作成までの一連の流れを示すと次のようになる。これによると、日頃は日常の手続きを実施し、会計期間の期末になると**決算準備手続き**、**決算本手続き**により財務諸表を作成することが分かる。これより、この流れにしたがって決算を行っていく。

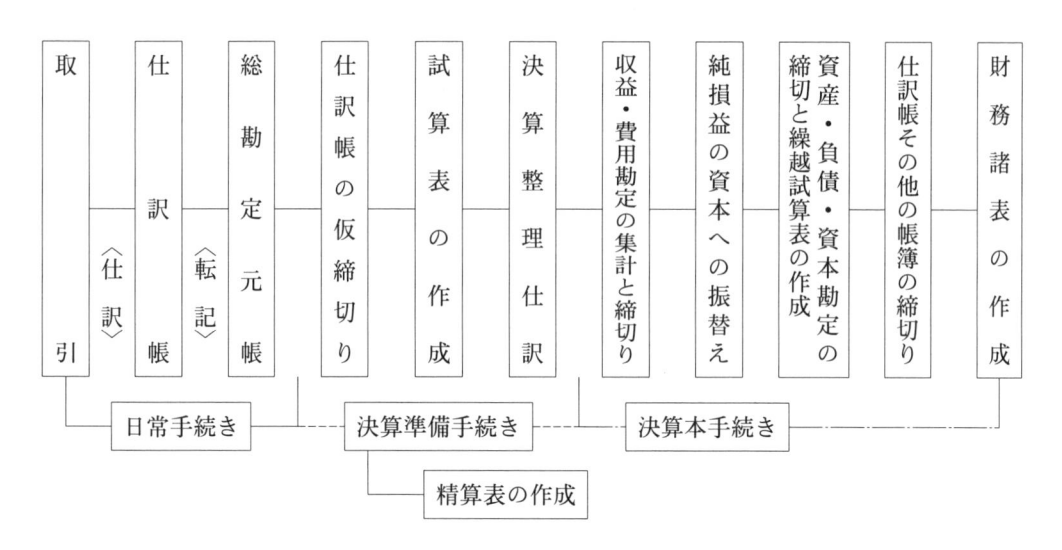

取引 →〈仕訳〉仕訳帳 →〈転記〉総勘定元帳 → 仕訳帳の仮締切り → 試算表の作成 → 決算整理仕訳 → 収益・費用勘定の集計と締切り → 純損益の資本への振替え → 資産・負債・資本勘定の締切りと繰越試算表の作成 → 仕訳帳その他の帳簿の締切り → 財務諸表の作成

- 日常手続き：取引〜総勘定元帳
- 決算準備手続き：仕訳帳の仮締切り〜決算整理仕訳
- 決算本手続き：収益・費用勘定の集計と締切り〜仕訳帳その他の帳簿の締切り
- 精算表の作成：決算準備手続きに対応

41

2．仕訳帳の仮締切り

　仕訳帳は、日々の取引を仕訳という形で記録してきたものである。決算に入る前に仕訳帳を締め切る。すなわち、仕訳帳の借方と貸方の合計をし、一致するかどうか確認をする。仕訳の借方と貸方は、一致しているので、仕訳帳の借方と貸方は一致するはずである。もし、一致しなければ何かしらの間違いがあることになる。

仕　訳　帳　　　　1

平成○年		摘　　　要	元丁	借　方	貸　方
1	1	前期繰越		1,150,000	1,150,000
	4	（商　品）	3	50,000	
		（現　金）	1		50,000
		〜〜〜〜〜〜〜〜〜		〜〜〜〜	〜〜〜〜
		次ページへ		1,230,000	1,230,000

仕　訳　帳　　　　2

平成○年		摘　　　要	元丁	借　方	貸　方
		前ページから		1,230,000	1,230,000
		〜〜〜〜〜〜〜〜〜		〜〜〜〜	〜〜〜〜
				3,150,000	3,150,000

　　　　　　　　　　　　　　　　一致する

3．試算表の作成

　決算の前に先に学習した**試算表**（Trial Balance sheet；T/B）を作成する。試算表は、決算に入る前に仕訳帳から総勘定元帳に転記がきちんとなされているかを確認するとともに、決算本手続きへの資料となる。

仕 訳 帳   15

平成○年	摘 要	元丁	借 方	貸 方
	前ページから		1,230,000	1,230,000
			3,150,000	3,150,000

合 計 試 算 表
平成○年12月31日

借 方		元丁	勘定科目	貸 方	
残 高	合 計			合 計	残 高
669,000	1,269,000	1	現　　金	600,000	
400,000	630,000		売　掛　金	230,000	
4,000	4,000	6	雑　　費		
1,640,000	3,150,000			3,150,000	1,640,000

　以上の確認が終われば、仕訳および転記が間違いないとして、仕訳帳の日付と金額欄に二重線を引き、締切りを行う。

4．棚卸表と決算整理仕訳

　次に、棚卸表の作成や決算整理仕訳がある。棚卸表とは、商品の期末残高や勘定残高の修正が必要なものについて記入した一覧表である。

棚 卸 表
平成○年12月31日

勘定科目	摘　　　要		内　訳	金　額
商　品	A品　60個	@￥1,000	60,000	
	B品　60個	@￥1,500	90,000	150,000
				150,000

　そして、**決算整理仕訳**は、棚卸表をもとに、各勘定の残高が期間の正しい金額を示すように、整理する仕訳のことである。
　こうした、手続きを経て決算本手続きへ入っていくことになる。

5. 精　算　表

　次に、決算の正式な手続きではないが、**精算表**（Work sheet）の作成をしてみたい。**精算表**とは、**残高試算表**から**貸借対照表**や**損益計算書**がどのようになるかを概観するために作成する。精算表には、6桁精算表と8桁精算表がある。

(1) 精算表の作成

(a) 残高試算表欄の作成
　各勘定の合計をし、その差額を勘定科目欄と残高試算表欄に記入する。もし、残高試算表を作成していたら、残高を移す。そして、合計を記入し、借方合計と貸方合計が一致することを確認する。

(b) 整理記入欄への記入
　残高試算表の金額が、当期末の残高を示していない場合に記入をする。ここでは、整理記入はないので省略する。

(c) 損益計算書欄への記入
　次は、残高試算表に記入した金額のうち、収益と費用の金額を損益計算書へ移す。収益は、貸方残高であるので、損益計算書の貸方へ移し、費用は、借方残高であるので、損益計算書の借方へ移す。

(d) 損益計算書欄の当期純利益の記入
　そして、それぞれの合計を求めると、収益である貸方の合計は、¥270,000であり、費用である借方の合計は、¥138,000となっている。その差額を、収益が多ければ、借方へ記入する。これが、当期純利益である。この当期純利益は**朱記**する。そして、損益計算書の借方合計と貸方合計をする。この合計も一致する。

(e) 貸借対照表欄の作成
　残高試算表の残高から、資産、負債、資本を移す。まず、資産は、借方残高であるので、貸借対照表の借方へ記入する。次に、負債と資本は、貸方残高であるので、貸借対照表の貸方へ移すことになる。そして、資産の総合計から負債の総合計を差し引いて残高が借方にあれば、その残高の金額を貸方に黒記する（残高が貸方にあれば、借方に記入をする）。これが、当期純利益（借方記入の場合は、当期純損失）である。差額記入後、借方合計と貸方合計を記入する。この合計も一致する。

(f) 精算表の完成
　損益計算書の当期純利益（貸方記入は当期純損失）と、貸借対照表の当期純利益（借方記入は当期純損失）とを比較し、金額が同じであれば、金額欄に二重線を引いて完成させる。

精　算　表
平成○年12月31日

勘定科目	元丁	残高試算表 借方	残高試算表 貸方	損益計算書 借方	損益計算書 貸方	貸借対照表 借方	貸借対照表 貸方
現　　　金	1	669,000				669,000	
売　掛　金	2	400,000				400,000	
商　　　品	3	150,000				150,000	
備　　　品	4	283,000				283,000	
買　掛　金	5		370,000				370,000
資　本　金	6		1,000,000				1,000,000
商品売買益	7		254,000		254,000		
受取手数料	8		16,000		16,000		
給　　　料	9	120,000		120,000			
通　信　費	10	14,000		14,000			
雑　　　費	11	4,000		4,000			
当期純利益				132,000			132,000
		1,640,000	1,640,000	270,000	270,000	1,502,000	1,502,000

一致

6．収益・費用勘定の締切り

　決算にあたり、まず収益勘定と費用勘定を締め切る。その際に、収益と費用の比較により、当期純損益を計算するために、総勘定元帳に新たに**損益勘定**を設ける。すなわち、収益の各勘定残高と費用の各勘定残高を損益勘定に集計し、当期純損益を計算するのである。この損益勘定は、二つ以上の勘定残高を集めて記録する勘定であるので、**集合勘定**と呼ばれる。

(1) 収益の各勘定から損益勘定への振替え

　収益の各勘定と費用の各勘定から損益勘定へ金額を移すことを**振替え**といい、そのための仕訳を**振替仕訳**という。
　まず、収益の各勘定の残高を損益勘定に振り替える。考え方は、収益の各勘定から金額が損益勘定へ移る。すなわち、収益の各勘定は、金額が移るために残額は0となり、損益勘定に金額が記入されることになる。そのためには、収益の各勘定の借方に残高の金額を記入し、損益勘定の貸方にその残高の金額を記入することになる。そこで、収益の各勘定の残高を損益勘定へ振り替える仕訳は、次のようになる。

そして、収益の各勘定の残高が0になったら、締切りを行う。

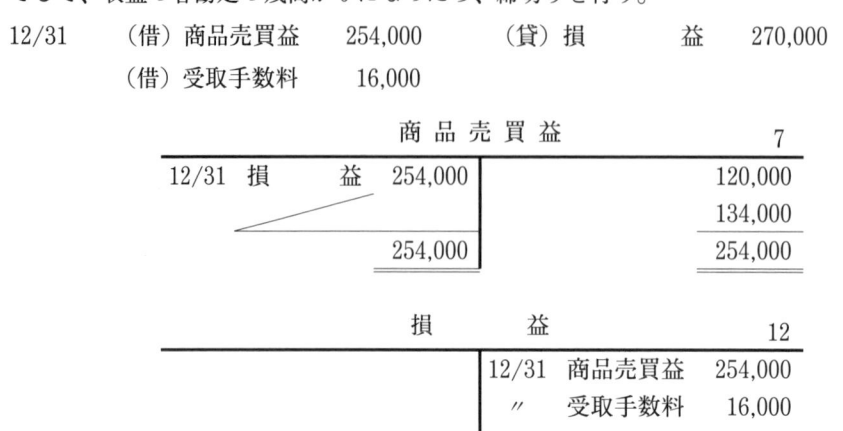

12/31　（借）商品売買益　254,000　　（貸）損　　　益　270,000
　　　　（借）受取手数料　 16,000

```
              商 品 売 買 益                    7
  12/31 損    益  254,000  │           120,000
                          │           134,000
                 ─────────│          ─────────
                  254,000 │           254,000
```

```
                    損        益                12
                          │ 12/31 商品売買益 254,000
                          │   〃  受取手数料  16,000
```

(2) 費用の各勘定から損益勘定への振替え

次に費用の各勘定を損益勘定へ振り替え、締め切る。収益の各勘定と同じように、費用の各勘定から損益勘定に残高が移るため、その残高は0となる。そのためには、費用の各勘定の借方にその残高の金額を記入し、損益勘定に記入することになる。

12/31　（借）損　　　益　138,000　　（貸）給　　　料　120,000
　　　　　　　　　　　　　　　　　　　　　通　信　費　 14,000
　　　　　　　　　　　　　　　　　　　　　雑　　　費　 4,000

```
                  給        料                  9
           120,000 │ 12/31 損    益  120,000
```

```
                    損        益                12
  12/31 給    料  120,000 │ 12/31 商品売買益 254,000
    〃  通 信 費  14,000  │   〃  受取手数料  16,000
    〃  雑    費   4,000  │
```

7．損益勘定の締切り

次に、当期純損益である損益勘定の残高を資本（純資産）の勘定である資本金勘定に振り替える。これも振替仕訳なので、損益勘定の残高が資本金勘定に移ったと考え、損益勘定の残高を0にするために、当期純利益の場合は借方へ記入し、資本金勘定の貸方へ記入する。そのための仕訳と転記例を示す。そして、転記した後、損益勘定を締め切る。

12/31　（借）損　　　益　132,000　　（貸）資　本　金　132,000

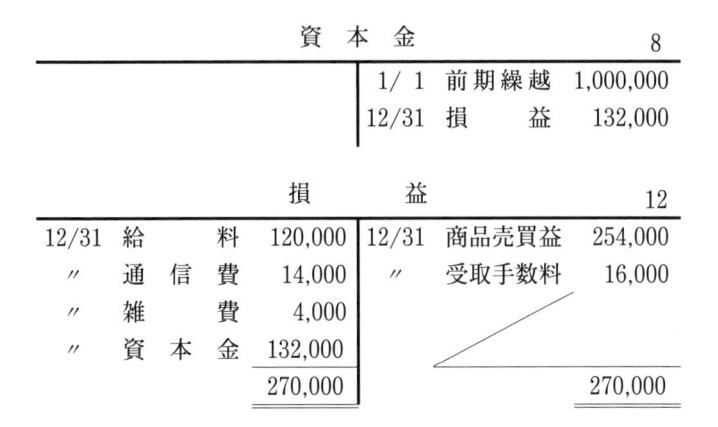

```
              資　本　金              8
                   1/ 1  前期繰越  1,000,000
                   12/31  損　　益   132,000


                    損        益           12
12/31  給     料   120,000 | 12/31  商品売買益  254,000
  〃   通 信 費    14,000 |   〃   受取手数料   16,000
  〃   雑     費    4,000 |
  〃   資 本 金   132,000 |
                  270,000 |                270,000
```

総勘定元帳の収益・費用勘定と損益勘定を示せば次のようになる。

```
                    商品売買益                       3
12│31│損    益│16│254,000 │12│ 5│売 掛 金│1│120,000
                          │  │19│現    金│2│134,000
                  254,000 │                  254,000

                     給       料                    5
12│31│現    金│ 8│120,000 │12│31│損    益│16│120,000

                     損       益                    8
12│31│給    料 │16│120,000 │12│31│商品売買益│16│254,000
  │〃│通 信 費│〃│ 14,000 │  │〃│受取手数料│〃│ 16,000
  │〃│雑    費│〃│  4,000 │
  │〃│資 本 金│〃│132,000 │
                  270,000 │                   270,000
```

補1　振替仕訳

　振替仕訳とは、ある勘定口座から他の勘定口座へ金額を移す仕訳である。それは、次のように考えればよい。
　今、財布の中に¥100が入っているとしよう。この¥100を別の財布に入れるためにはどうしたらいいのだろうか。

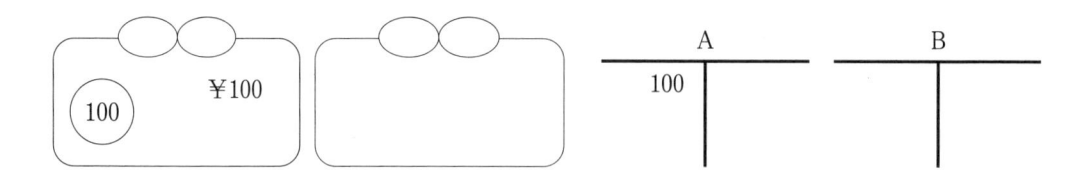

まず、財布から¥100を取り出さなければならない。取り出せば財布の中身は0となる。しかし、勘定の場合は、消しゴムで消すわけには行かないので、勘定残高が0となるように（－）側に同じ金額を記入して、勘定口座から金額が出たと考える。

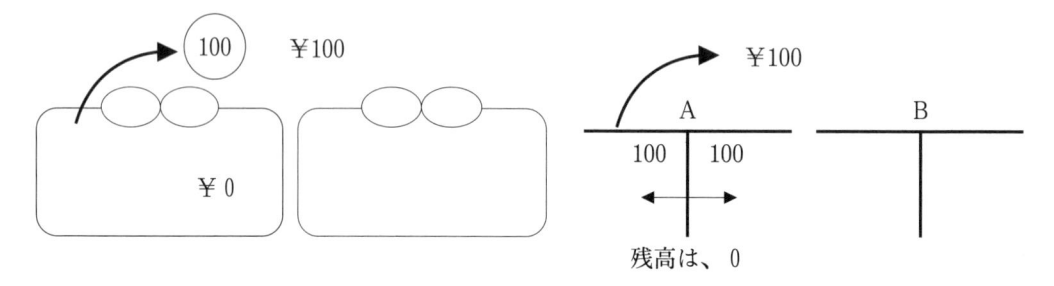

ゆえに、まず仕訳を考えるとA勘定の（－）の方に記入しなければならないので、

① 　　　　　　　　　　　　　　　（貸）A　　　100

続いて¥100を別の財布の中に入れなければならない。すなわち、B勘定に入れるので、Bの金額が増加することになる。

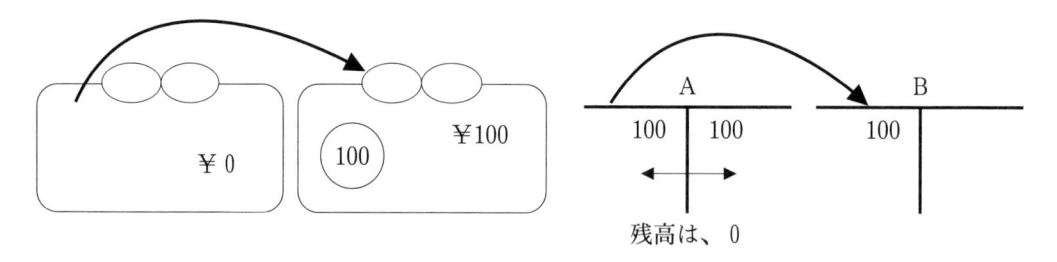

ゆえに、B勘定が増加する仕訳を考えると

②　（借）B　　　100

最後に、①と②を整理してみると次のような仕訳になる。

　　　　（借）B　　　100　　　　（貸）A　　　100

これが、**振替仕訳**である。これにより、金額がA勘定からB勘定に移ったことになるのである。

8．資産・負債・資本勘定の締切り

　資産・負債・資本の勘定は、帳簿上で残高を0にして締め切る。例えば、現金の期末残高は次期に支払手段として利用できるし、売掛金の残高は次期に受け取りを請求できる。さらに、買掛金の残高は、次期に支払わなければならず、資本金は、企業が存続する限り保持していくことになる。すなわち、資産の各勘定は、貸方に次期繰越として残高を記入し、負債・資本の各勘定は、次期繰越として借方に残高を記入する。そして、実際は資産の各勘定は借方に、負債・資本の各勘定は貸方に残高があるので、朱記で記入する。さらに、前期繰越として、次期の開始記入も行う。

			現	金			
			960,000				230,000
			59,000				370,000
			250,000	12/31	次 期 繰 越	669,000
			1,269,000				1,269,000
1/1	前 期 繰 越	669,000					

			買	掛	金		
			30,000				220,000
			70,000				250,000
12/31	次 期 繰 越	370,000					
			470,000				470,000
				1/1	前 期 繰 越	370,000

			資	本	金		
12/31	次 期 繰 越	1,132,000	1/1	前 期 繰 越	1,000,000
				12/31	損　　益	132,000
			1,132,000				1,132,000
				1/1	前 期 繰 越	1,132,000

9．繰越試算表の作成

各勘定の締切りが終了したら、資産・負債・資本の各勘定の繰越額を集めた繰越試算表を作成する。

```
              現         金
          960,000              230,000
           59,000              370,000
          250,000   12/31 次期繰越  669,000
        1,269,000            1,269,000
1/1 前期繰越 669,000
```

繰越試算表
平成○年12月31日

借　　方	元丁	勘定科目	貸　　方
669,000	1	現　　　　金	
400,000	2	売　　掛　　金	
150,000	3	商　　　　品	
283,000	4	備　　　　品	
	5	買　　掛　　金	370,000
	6	資　　本　　金	1,132,000
1,502,000			1,502,000

10．貸借対照表の作成

すでに学習したが、貸借対照表は一定時点（一定の日）の資産と負債・資本を対照して表示し、その日における企業の財政状態を明らかにする報告書である。期末に作成するものを期末貸借対照表というが、継続している企業は期末に作成することを義務づけられているので、第2章でも説明したように一般的に貸借対照表といえば、期末貸借対照表を指す。

貸借対照表は、繰越試算表から次のとおり作成する。繰越試算表の資本金の額は期末資本の額、すなわち［期首資本±純損益］の額で示されているが、貸借対照表の資本金の額は期首資本の額であり、純損益は別に記入するので注意が必要である。期首資本¥1,000,000とすれば次のように記載することになる。

繰越試算表
平成○年12月31日

借　　方	元丁	勘定科目	貸　　方
669,000	1	現　　　　金	
400,000	2	売　掛　金	
150,000	3	商　　　　品	
283,000	4	備　　　　品	
	5	買　掛　金	370,000
	6	資　本　金	1,132,000
1,502,000			1,502,000

貸借対照表

佐賀商店　　　　　　　　平成○年12月31日

資　　産	金　　額	負債および純資産	金　　額
現　　　　金	669,000	買　掛　金	370,000
売　掛　金	400,000	資　本　金	1,000,000
商　　　　品	150,000	当 期 純 利 益	132,000
備　　　　品	283,000		
	1,502,000		1,502,000

11．損益計算書の作成

　すでに学習したが、損益計算書は一会計期間の費用と収益を対照して表示し、その経営成績を明らかにする報告書である。
　損益計算書の作成方法は、収益の各勘定の残高と費用の各勘定の残高を集めて当期純利益を計算した損益勘定を基にして作成する。ただし、損益勘定で計算した当期純利益は、損益計算書では、資本金勘定に移す必要はないので、当期純利益と朱記で記入することに注意が必要である。

損　益　　　　　　　　　　　12

12	31	給　　　　料	16	120,000	12	31	商品売買益	16	254,000
	〃	通　信　費	〃	14,000		〃	受取手数料	〃	16,000
	〃	雑　　　　費	〃	4,000					
	〃	資　本　金	〃	132,000					
				270,000					270,000

損益計算書

佐賀商店　　　平成○年1月1日から平成○年12月31日まで

費　　　用	金　　額	収　　　益	金　　額
給　　　　料	120,000	商 品 売 買 益	254,000
通　信　費	14,000	受 取 手 数 料	16,000
雑　　　　費	4,000		
当 期 純 利 益	132,000		
	270,000		270,000

補2　大陸式決算法と英米式決算法

　勘定口座の締め切る方法として大陸式決算法と英米式決算法がある。大陸式決算法と英米式決算法の違いは、英米式では資産・負債・資本の諸勘定を締め切る際に、その残高を残高がある反対の欄に朱記で次期繰越とし、締め切ったあと、前期繰越として、開始記入をしていた。しかし、大陸式では、仕訳を通じて収益・費用の諸勘定が損益勘定に集合されたように、残高勘定という集合勘定に集計することになる。

　そして、貸借対照表は、英米式決算法の繰越試算表からではなく、残高勘定から作成することになる。このように、英米式決算法は、大陸式決算法の簡便法であり、いままで学習してきたのは、英米式決算法だといえる。

　期末の振替仕訳と勘定記入の例を示す。

期末振替仕訳

12/31	（借）残　　　　高	1,502,000	（貸）現　　　　金	669,000
			売　掛　金	400,000
			商　　　　品	150,000
			備　　　　品	283,000
12/31	（借）買　掛　金	370,000	残　　　　高	1,502,000
	資　本　金	1,132,000		

総勘定元帳（一部）

現　　金

	960,000		230,000
	59,000		370,000
	250,000	12/31　残　　高	669,000
	1,269,000		1,269,000

		買	掛	金			
			30,000				220,000
			70,000				250,000
12/31	残	高	370,000				
			470,000				470,000

		資	本	金			
12/31	残	高	1,132,000	1/1	残	高	1,000,000
				12/31	損	益	132,000
			1,132,000				1,132,000

		残	高				
12/31	現	金	669,000	12/31	買	掛 金	370,000
〃	売	掛 金	400,000	〃	資	本 金	1,132,000
〃	商	品	150,000				
〃	備	品	283,000				
			1,502,000				1,502,000

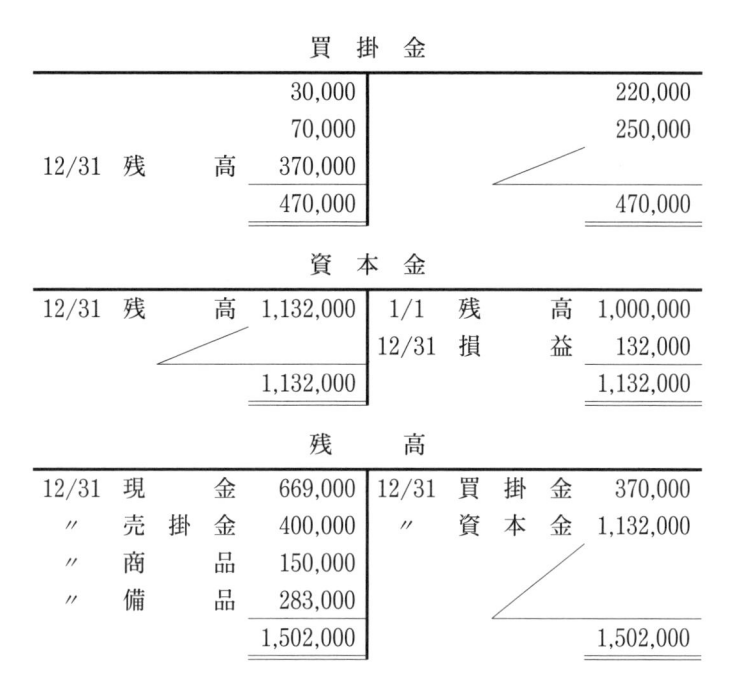

【練習問題】

1．次の総勘定元帳勘定残高から精算表を作成しなさい。

現　　　金	¥ 257,000	売　掛　金	¥ 368,000	商　　　品	¥ 124,000
備　　　品	220,000	買　掛　金	195,000	借　入　金	200,000
資　本　金	500,000	商品売買益	710,000	給　　　料	430,000
広　告　料	159,000	雑　　　費	42,000	支払利息	5,000

2．福岡商店の平成○年12月31日における総勘定元帳の記録は、次のとおりである。
（1）決算振替仕訳を示しなさい。
（2）資本金勘定・損益勘定に記入し、締め切りなさい（日付、相手科目、金額を記入すること。）
（3）繰越試算表を作成しなさい。

	現　　金　　1			売　掛　金　　2			商　　品　　3
73,000			150,000			120,000	

	備　　品　　4			買　掛　金　　5			商品売買益　　6
100,000				80,000			165,000

	給　　料　　8			支払家賃　　9			雑　　費　　10
84,000			15,000			3,000	

3．平成〇年1月1日に現金¥600,000を元入れして開業した佐賀商店の期末の総勘定残高は次のとおりであった。
(1) 貸借対照表を作成しなさい。
(2) 損益計算書を作成しなさい。

元帳勘定残高

現　　　　金	¥256,000	売　掛　金	¥270,000	商　　　　品	¥300,000
建　　　　物	400,000	備　　　品	80,000	買　掛　金	450,000
借　入　金	100,000	商品売買益	750,000	受取手数料	30,000
給　　　料	420,000	発　送　費	152,000	支払家賃	35,000
雑　　　費	15,000	支払利息	2,000		

第2編　取引の記帳と決算

第9章　現金・預金の記帳

　ここでは、現金、当座預金、その他の預貯金、小口現金の内容と現金出納帳、当座預金出納帳、小口現金出納帳の記入方法について学習する。現金の補助簿として現金出納帳、当座預金の補助簿として当座預金出納帳、小口現金の補助簿として小口現金出納帳がある。

1．現　　金

(1) 簿記上の現金について

　簿記でいう**現金**（cash）は、紙幣や硬貨などの通貨のほかに、いつでも現金にかえることのできる通貨代用証券も現金として取り扱う。通貨代用証券は、主に次のようなものがある。

　　　①他人振出の小切手　　　②送金小切手　　　③郵便為替証書
　　　④支払期限の到来した公社債の利札　　　⑤配当金領収書　　　など

(2) 現金の仕訳について

　簿記上の現金が増加したり、減少したりする取引は、現金勘定（資産）を用いて処理をする。現金が増加した場合は、現金勘定の借方に、現金が減少した場合は貸方に記入する。

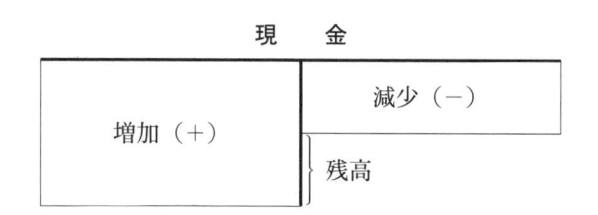

```
            現　　金
┌─────────────┬─────────────┐
│             │  減少（－）  │
│  増加（＋） ├─────────────┤
│             │  残高        │
└─────────────┴─────────────┘
```

例題9－1
　次の取引について仕訳をしなさい。
①　神戸商店から売掛金の回収として同店振出の小切手¥20,000を受け取った。
②　島根商店から売掛金の回収として郵便為替証書¥40,000を受け取った。

① （借）現　　　　金　　20,000　　（貸）売　掛　金　　20,000
② （借）現　　　　金　　40,000　　（貸）売　掛　金　　40,000

2．現金出納帳

(1) 現金出納帳について

現金に関する取引は、総勘定元帳の現金勘定に記帳される。**現金出納帳**（cashbook）は、現金に関する取引の明細を記入する帳簿である。仕訳帳と総勘定元帳を主要簿というのに対し、現金出納帳は、総勘定元帳の現金勘定の記録を補う役割を持つので補助簿という。補助簿はある勘定や特定の取引の明細を記録する帳簿であり、他に当座預金出納帳や仕訳帳、売上帳などがある。

(2) 現金出納帳の記入方法について

現金出納帳は次のように記入する。

現 金 出 納 帳 3

平成○年		摘　　要	収　入	支　出	残　高
6	1	前月繰越	100,000		100,000
	5	山口商店から売掛金回収、小切手受け取り	50,000		150,000
	9	広島商店から売り上げ、送金小切手受け取り	30,000		180,000
	17	岡山商店から商品を仕入れ、現金支払い		120,000	60,000
	30	次月繰越		60,000	
			180,000	180,000	
7	1	前月繰越	60,000		60,000

【現金出納帳の記入について】
① 摘要欄は取引内容の明細を記入する。
② 現金の収入もしくは現金の支出を記入する。
③ 日付と摘要欄の次月繰越と金額は赤で書く。
④ 最後の残高を次月繰越額として支出に書く。
⑤ 収入欄と支出欄の合計を記入し、月末で締め切る。

例題9－2

次の取引を現金出納帳に記入し、締め切りなさい。なお開始記入も示すこと。（ただし、前月繰越は記入済みである。）

7月7日　愛媛商店から売掛金代金¥30,000を現金で受け取った。
　12日　高知商店から商品¥15,000を仕入れ、現金で支払った。
　26日　香川商店の商品売買の仲介を行い、手数料¥7,000を送金小切手で受け取った。

現　金　出　納　帳　　　　　　　　　3

平成○年		摘　　　　要	収　入	支　出	残　高
7	1	前月繰越	60,000		60,000
	7	愛媛商店から売掛金回収、現金受け取り	30,000		90,000
	12	高知商店から商品を仕入れ、現金支払い		15,000	75,000
	26	香川商店から仲介手数料、送金小切手受け取り	7,000		82,000
	31	次月繰越		82,000	
			97,000	97,000	
8	1	前月繰越	82,000		82,000

3．現金過不足

(1) 現金過不足について

現金の実際有高が帳簿残高よりも多かったり、少なかったりして一致しない場合がある。このように、実際有高と帳簿残高が一致しないことを**現金過不足**（cash over and short）という。

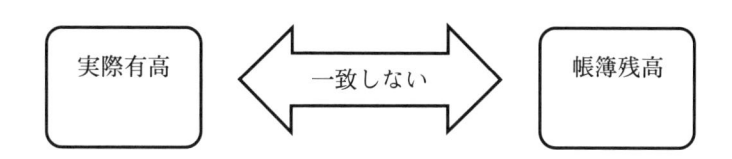

```
┌─────────┐              ┌─────────┐
│ 実際有高 │ ⇔ 一致しない │ 帳簿残高 │
└─────────┘              └─────────┘
```

(2) 現金過不足の処理について

現金の実際有高と帳簿残高が一致しない場合、その原因が明らかでない場合は、帳簿残高を実際有高に一致させるように、不一致額を現金過不足勘定によって処理する。後日不一致額が判明した場合、正しい勘定に振替を行う。

(a) **実際有高が帳簿残高より少ない場合（実際有高　＜　帳簿残高）**

現金の実際有高が帳簿残高よりも少ない場合は、不足額を現金勘定の貸方と現金過不足勘定の借方に記入して、実際有高に合わせる処理をする。

不一致原因が判明した時は、その金額を現金過不足勘定の貸方に記入し、正しい勘定の借方に記入する。

例題9−3

次の一連の取引について仕訳をしなさい。

　8月5日　現金の実際有高を調べたところ、実際有高は¥18,000で帳簿残高¥20,000より¥2,000不足していた。

8月18日　不一致の原因を調べたところ交通費の支払額¥2,000の記帳漏れが判明した。

　　　　　8／5　（借）現金過不足　　2,000　　（貸）現　　　金　　2,000

現　　金		現金過不足
帳簿残高 ｜ 不足額¥2,000	→	不足額¥2,000
｝実際有高　¥18,000		

　　　　　8／18　（借）交　通　費　　2,000　　（貸）現金過不足　　2,000

現金過不足		交　通　費
不足額¥2,000 ｜ 判明額¥2,000	→	¥2,000

(b) 実際有高が帳簿残高より多い場合（実際有高　＞　帳簿残高）

　現金の実際有高が帳簿残高よりも多い場合は、過剰額を現金勘定の借方と現金過不足勘定の貸方に記入して実際高に合わせる処理をする。

　不一致原因が判明した時は、その金額を現金過不足勘定の借方に記入し、正しい勘定の貸方に記入する。

例題 9 － 4

次の一連の取引について仕訳をしなさい。

9月 4日　現金の実際有高を調べたところ、実際有高は¥90,000で帳簿残高¥86,000より¥4,000過剰であった。

9月15日　不一致の原因を調べたところ売掛金の回収額¥4,000の記帳漏れが判明した。

　　　　　9／4　（借）現　　　金　　4,000　　（貸）現金過不足　　4,000

現　　金		現金過不足
帳簿残高		過剰額¥4,000
過剰額¥4,000 ｝実際有高　¥90,000		

　　　　　9／15　（借）現金過不足　　4,000　　（貸）売　掛　金　　4,000

現金過不足		売　掛　金
判明額¥4,000 ｜ 過剰額¥4,000		¥4,000

4．当座預金

(1) 当座預金について
　当座預金（checking account）は、銀行と当座取引契約を結び当座預金口座を開設し、預金の引き出しに小切手を使用する。さらに普通預金などとは異なり、預金の利息がつかない。

(2) 当座預金の仕組みについて
　小切手は次のような仕組みで決済される。

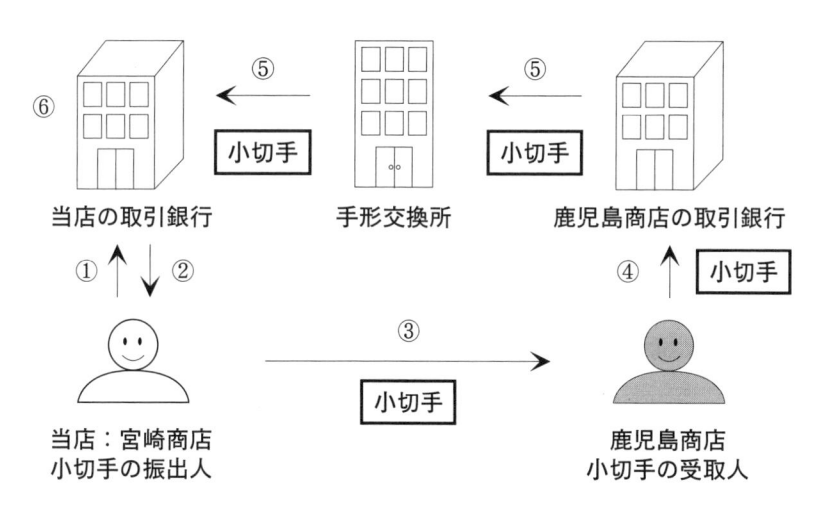

（出所）著者作成

① 当座預金口座を開設するために、口座に現金を預け入れる。
② 小切手帳と当座預金入金票綴りを受け取る。
③ 掛け代金の支払いなどのために、小切手を振り出す。
④ 鹿児島商店は受け取った小切手を鹿児島商店の取引銀行へ取り立てを依頼して換金する。
⑤ 手形交換所へ各銀行が小切手を持ち寄り交換する。
⑥ 当店の当座預金口座から引き落とされる。

(3) 当座預金の取引について
　当座預金の口座への預け入れや小切手の振り出しなどの時には、当座預金勘定で処理する。

(a) 当座預金に預け入れた場合
　通貨や他人振出の小切手などを預け入れた時や当座預金口座への振り込みを受けた時は、当座預金勘定の借方に記入する。

例題9－5
大阪商店は横浜銀行と当座取引契約を結び、現金¥20,000を預け入れた。
　　　　　　（借）当 座 預 金　　20,000　　　（貸）現　　　　金　　20,000

(b) 当座預金を引き出した場合
　小切手を振り出した時や自動引き落としによる引き出しが行われた時は、当座預金勘定の貸方に記入する。

例題9－6
奈良商店は仕入先静岡商店の買掛金¥10,000を小切手を振り出して支払った。
　　　　　　（借）買　掛　金　　10,000　　　（貸）当 座 預 金　　10,000

(c) 他人振出の小切手を受け取りただちに当座預金に預け入れた場合
　他人振出の小切手を受け取った時、ただちに当座預金に預け入れた場合は、現金勘定の借方に記入するのではなく、当座預金勘定の借方に記入する。

例題9－7
和歌山商店は得意先山梨商店より売掛金¥60,000を小切手で受け取り、ただちに当座預金へ預け入れた。
　　　　　　（借）当 座 預 金　　60,000　　　（貸）売　掛　金　　60,000

(d) 自己振出の小切手を受け取った場合
　自分が振り出した小切手が、銀行で換金されず、自分の手元に戻ってきた場合は、当座預金勘定の借方に記入する。

例題9－8
滋賀商店から売掛金¥40,000を当店が振り出した小切手で受け取った。
　　　　　　（借）当 座 預 金　　40,000　　　（貸）売　掛　金　　40,000

5．当座借越・当座

(1) 当座借越について
　あらかじめ銀行と当座借越契約を結んでおけば、自己の当座預金残高を超えて小切手を振り出すことができる。これを**当座借越**（overdraft）という。当座借越しは、銀行からの一時的な借り入れを意味する。

(2) 当座借越の取引について

当座預金の残高を超えて引き出した場合、当座預金残高を超える場合は、当座借越勘定の貸方に記入する。当座預金への預け入れが行われた場合、まずは当座借越勘定の借方に返済分を記入し、残額がある場合、当座預金勘定の借方に記入する。

例題 9 − 9

① 三重商店の買掛金¥90,000を小切手を振り出して支払った。なお当座預金の残高は、¥50,000で、限度額¥100,000の当座借越契約を結んでいる。

② 名古屋商店からの売掛金¥80,000を小切手で受け取り、ただちに当座預金に預け入れた。なお、当座借越しの残高は¥30,000である。

① (借) 買　掛　金　　90,000　　(貸) 当 座 預 金　　50,000
　　　　　　　　　　　　　　　　　(貸) 当 座 借 越　　40,000

当　座　預　金		当　座　借　越	
残高¥50,000	引出額¥50,000		預金残高を超えた引出額¥40,000

② (借) 当 座 借 越　　30,000　　(貸) 売　掛　金　　80,000
　　(借) 当 座 預 金　　50,000

当　座　預　金		当　座　借　越	
返済後残高の預入額¥50,000		返済額¥30,000	残高¥30,000

(3) 当座について

当座勘定は、当座預金勘定と当座借越勘定の2つの勘定を併せた勘定である。当座預金の預け入れは借方に記帳し、引き出しは貸方に記帳する。借方残高は当座預金残高を表し、貸方残高は、当座借越残高を表す。

当　　座		当　　座	
預入額	引出額	預入額	引出額
	当座預金残高	当座借越残高	

例題 9 －10
① 岐阜商店の買掛金¥80,000を小切手を振り出して支払った。なお、当座預金の残高は¥50,000で、限度額¥100,000の当座借越契約を結んでいる。
② 福井商店の売掛金¥60,000を現金で受け取りただちに当座預金に預け入れた。なお、当座借越の残高は¥20,000あり、限度額¥150,000の当座借越し契約を結んでいる。

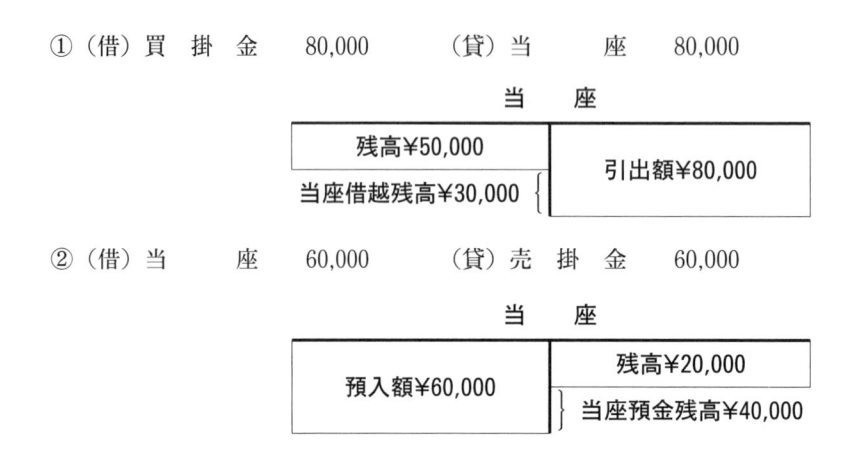

① （借）買　掛　金　80,000　　（貸）当　　　座　　80,000

当　　座

残高¥50,000	引出額¥80,000
当座借越残高¥30,000 }	

② （借）当　　　座　　60,000　　（貸）売　掛　金　60,000

当　　座

預入額¥60,000	残高¥20,000
	当座預金残高¥40,000 }

6．当座預金出納帳

(1) 当座預金出納帳について

当座預金に関する取引は、総勘定元帳の当座預金勘定（借越しが生じた場合、当座借越勘定）に記帳される。**当座預金出納帳**（bank book）は、当座預金に関する取引の明細を記入する帳簿である。当座預金出納帳も現金出納帳と同じように補助簿である。

(2) 当座預金出納帳の記入方法について

当座預金出納帳は次のように記入する。

当座預金出納帳

平成○年		摘要	収入	支出	借または貸	残高
10	1	前月繰越	150,000		借	150,000
	3	新潟商店に買掛金の支払い　小切手♯1		120,000	〃	30,000
	8	事務用机購入　小切手♯2		40,000	貸	10,000
	17	長野商店から売掛金回収	200,000		借	190,000
	31	次月繰越		190,000		
			180,000	180,000		
11	1	前月繰越	190,000		借	190,000

① 取引の内容を記入し、小切手を振り出した場合は番号を必ず記入する。
② 残高が借方残高か借方残高であるかを記入する。
③ 貸方残高の場合は当座借越高を示す。
④ 日付と摘要欄の次月繰越と金額は赤で書く。
⑤ 最後の残高を次月繰越額として支出に書く。
⑥ 収入欄と支出欄の合計を記入し、月末で締め切る。

【当座預金出納帳の記入について】

例題 9－11

次の取引を当座預金出納帳納帳に記入し、締め切りなさい。なお、開始記入も示すこと。（ただし、限度額¥200,000の当座借越契約を結んでおり、前月繰越は記入済みである。）

10月 8 日　京都商店の買掛金¥150,000を小切手♯10を振り出して支払った。
10月14日　鳥取商店から売掛金回収として¥250,000を同店振り出しの小切手で受け取りただちに当座預金に預け入れた。
10月27日　本月分の給料¥80,000を小切手♯11を振り出して支払った。

当座預金出納帳　　　　　　　　　　　　　　4

平成○年		摘要	預入	引出	借または貸	残高
10	1	前月繰越	120,000		借	120,000
	3	京都商店に買掛金の支払い　小切手♯10		150,000	貸	30,000
	8	鳥取商店から売掛金回収	250,000		借	220,000
	17	本月分給料支払い　小切手♯11		80,000	〃	140,000
	31	次月繰越		140,000		
			370,000	370,000		
11	1	前月繰越	170,000		借	170,000

7．その他の預貯金

その他の預金には、普通預金、通知預金、定期預金、別段預金などがあり、それぞれ勘定口座を設けて記帳を行う。

例題 9 －12
次の取引について仕訳を行いなさい。
① 現金¥230,000を石川銀行に1年の定期預金として預け入れた。
② 石川銀行に預け入れていた上記の預金が満期となったので、利息¥1,850とともに普通預金に預け入れた。

	借方科目	金　額	貸方科目	金　額
①	定 期 預 金	230,000	現　　　金	230,000
②	普 通 預 金	231,850	定 期 預 金	230,000
			受 取 利 息	1,850

8．小口現金

(1) 小口現金とは

交通費や収入印紙代、切手代などの日常の少額の経費の支払いは、会計係があらかじめ庶務係（用度係などともいう）に必要な資金を前渡しして、そこから経費の支払いを行う方法がとられる。このための現金を**小口現金**（petty cash）という。

(2) 定額資金前渡法とは

小口現金の支給方法は**定額資金前渡法**（imprest system）が多く使われる。小口現金は、1ヶ月や1週間などの一定期間の支払額の予測に応じて、会計係が小切手を振り出して庶務係に前渡し、一定期間の支払額の報告を受け、使用した金額を補給する。小口現金の支給方法である定額資金前渡法は次のとおりである。

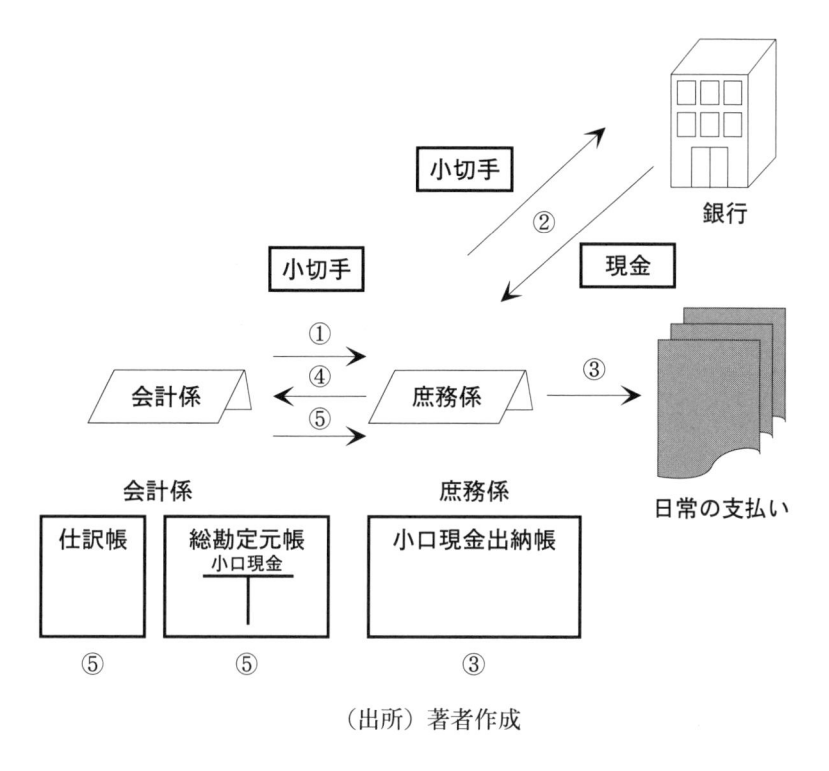

① 会計係は一定期間の支払額を予測して、その金額の小切手を庶務係に渡す。
② 庶務係は小切手を取引銀行で現金に換え、手許に保管する。
③ 庶務係は少額の日常の支払いを小口現金から行い、小口現金出納帳に記入する。
④ 庶務係は、一定期間終了後、会計係に小口現金の支出明細について報告する。
⑤ 会計係は、報告を受けて、仕訳帳への記入と総勘定元帳への転記を行う。さらに、報告された支払高と同額の小切手を庶務係に渡す。

(3) 小口現金の処理の方法

庶務係は、小口現金の支払いを行い、小口現金出納帳の記入し、明細を会計係に報告する。会計係は、庶務係から報告を受けて、仕訳帳のへの記入と総勘定元帳の転記を行う。つまり、庶務係は仕訳帳への記入と総勘定元帳への転記を行わないことを留意する。

(a) 小口現金を前渡しした場合

会計係が小切手を振り出して、庶務係に渡した場合、通常の現金勘定と区別して、小口現金勘定の借方に記入する。

例題 9－13
定額資金前渡法により、庶務係に小切手¥40,000を振り出して前渡した。
　　（借）小 口 現 金　　40,000　　　（貸）当 座 預 金　　40,000

(b) 小口現金で支払った場合
庶務係は交通費や収入印紙代、切手代などの少額の日常の支払いを行い、小口現金出納帳に記入する。会計係は報告をまだ受けていないので、仕訳は行われない。

例題 9－14
庶務係は小口現金から郵便切手代¥400とタクシー代¥1,000を小口現金で支払った。
　　　　　　　　　　　　　仕訳なし

(c) 会計係が庶務係から支払いの報告を受けた場合
会計係は、庶務係から一定期間の支出明細について報告を受けた場合、該当する各費用の勘定の借方に記入し、小口現金の支払額を小口現金勘定の貸方に記入する。

例題 9－15
会計係に庶務係から次のような支払いの報告があった。
通信費¥1,500　交通費¥2,000　消耗品費¥750
　　（借）通 信 費　　　1,500　　　（貸）小 口 現 金　　4,250
　　（借）交 通 費　　　2,000
　　（借）消 耗 品 費　　　750

(d) 小口現金を補給した場合
会計係は、庶務係に小切手を振り出して小口現金を補給した場合、小口現金勘定の借方へ記入する。

例題 9－16
庶務係に小切手¥3,800を振り出して小口現金を補給した。
　　（借）小 口 現 金　　3,800　　　（貸）当 座 預 金　　3,800

(e) 支払いの報告と小口現金の補給が同時の場合
会計係は、庶務係から支払いの報告を受け、ただちに小口現金を小切手で補給した場合は、小口現金勘定の記帳を省略することができる。

例題 9－17
会計係に庶務係から次のような支払いの報告があり、ただちに小切手を振り出して小口現金を補給した。

通信費¥1,500　交通費¥2,000　消耗品費¥750

（借）通 信 費	1,500	（貸）当 座 預 金	4,250
（借）交 通 費	2,000		
（借）消 耗 品 費	750		

（4）小口現金出納帳とは
小口現金の収支の明細を発生順に記録するための補助簿を**小口現金出納帳**（petty cashbook）という。この帳簿は庶務係が記帳する。

（5）小口現金出納帳の記入方法
小口現金出納帳は次のように記入する。

（a）月末に小口現金を補給した場合（週の場合は週末）

小　口　現　金　出　納　帳　　　　　5

受 入	平成〇年		摘　　　要	支 払	内　　　　　訳				残 高
					通信費	交通費	消耗品費	雑　費	
20,000	11	1	小切手						20,000
		4	タクシー代	1,200		1,200			18,800
		12	コピー用紙代	800			800		18,000
		15	文房具代	1,200			1,200		16,800
		16	電車回数券	2,000		2,000			14,800
		20	茶菓子代	600				600	14,200
		21	郵便切手代	400	400				13,800
		25	新聞代	4,000				4,000	9,800
		30	電話料金	5,000	5,000				4,800
			合計	15,200	5,400	3,200	2,000	4,600	
15,200		30	小切手						20,000
		〃	次月繰越	20,000					
35,200				35,200					
20,000	12	1	前月繰越						20,000

① 会計係から受け取る小切手の金額を記入する。
② 取引の明細を簡潔に記入する。
③ 支払い金額を記入し、その内容について該当する費用のところに金額を記入する。
④ 小口現金の残高を記入する。
⑤ 支払額と内訳額の合計を出す。

⑥ 使用した小口現金を補給する。
⑦ 補給後の残高を赤で記入する。
⑧ 受け入れと支払いが一致したら締め切る。

【この場合の会計係の仕訳】

11/30	(借)通 信 費	5,400	(貸)当座預金	15,200
	(借)交 通 費	3,200		
	(借)消耗品費	2,000		
	(借)雑 費	4,600		

(b) 月初に小口現金を補給した場合（週の場合は週初）

小 口 現 金 出 納 帳　　　5

受　入	平成○年		摘　　要	支　払	内　　　　訳				残　高
					通信費	交通費	消耗品費	雑　費	
4,000	11	1	前月繰越						4,000
16,000		〃	小切手						20,000
		4	タクシー代	1,200		1,200			18,800
		12	コピー用紙代	800			800		18,000
		15	文房具代	1,200			1,200		16,800
		16	電車回数券	2,000		2,000			14,800
		20	茶菓子代	600				600	14,200
		21	郵便切手代	400	400				13,800
		25	新聞代	4,000				4,000	9,800
		30	電話料金	5,000	5,000				4,800
			合　計	15,200	5,400	3,200	2,000	4,600	
⑥→		〃	次月繰越	4,800					
20,000				20,000					
4,800	12	1	前月繰越	4,800					4,800
⑧→15,200		〃	小切手						20,000

⑦

①〜⑤までは（a）と同じ。
⑥ 残高を赤で記入する。
⑦ 受け入れと支払いが一致したら締め切る。
⑧ 使用した小口現金を補給する。

【この場合の会計係の仕訳】

11/30	(借)通 信 費	5,400	(貸)小口現金	15,200
	(借)交 通 費	3,200		
	(借)消耗品費	2,000		
	(借)雑 費	4,600		
12/1	(借)小口現金	15,200	(貸)当座預金	15,200

例題 9－18

① 小口現金出納帳に必要な記入を行いなさい。なお、定額資金前渡法により庶務係は、毎月月末に資金の補給を受ける。

　　11月 5日　茶菓子代　　　　¥800
　　　　13日　郵便切手代　　　¥600
　　　　14日　電車回数券　　　¥1,500
　　　　18日　文房具代　　　　¥400
　　　　21日　タクシー代　　　¥2,000
　　　　23日　コピー用紙代　　¥200
　　　　24日　電話料金　　　　¥6,000
　　　　30日　新聞代　　　　　¥3,000

② 11月30日に会計係は庶務係から小口現金の支払いの報告を受け、ただちに同額を小切手を振り出して補給した。

①

小 口 現 金 出 納 帳　　　　　　5

受　入	平成○年		摘　　要	支　払	内　　　　　　訳				残　高
					通信費	交通費	消耗品費	雑　　費	
20,000	11	1	前月繰越						20,000
		5	茶菓子代	800				800	19,200
		13	郵便切手代	600	600				18,600
		14	電車回数券	1,500		1,500			17,100
		18	文房具代	400			400		16,700
		21	タクシー代	2,000		2,000			14,700
		23	コピー用紙代	200			200		14,500
		24	電話料金	6,000	6,000				8,500
		30	新聞代	3,000				3,000	5,500
			合　計	14,500	6,600	3,500	600	3,800	
14,500		30	小切手						20,000
		〃	次月繰越	20,000					
34,500				34,500					
20,000	12	1	前月繰越						20,000

② 11/30　（借）通　信　費　　6,600　　（貸）当座預金　　14,500
　　　　　（借）交　通　費　　3,500
　　　　　（借）消 耗 品 費　　　600
　　　　　（借）雑　　　費　　3,800

【練習問題】

1．次の取引について仕訳をしなさい。

① 福島商店からの売掛金の回収として郵便為替証書¥10,000を受け取った。

② 仙台商店に商品¥80,000（原価¥50,000）を売り渡し、代金のうち¥50,000を送金小切手で受け取り残りは掛けとした。

③　札幌商店から売掛金¥120,000の回収として、¥70,000の郵便為替証書と現金¥50,000を受け取った。

2．次の取引を現金出納帳に記入し、締め切りなさい。なお開始記入も示すこと。（ただし、前期繰越は記入済みである。）
　　8月7日　青森商店から商品¥70,000を仕入れ、現金で支払った。
　　　15日　岩手商店から売掛金代金¥30,000を同店振出の小切手で受け取った。
　　　21日　秋田商店の貸付金¥140,000を利息¥3,500とともに現金で受け取った。
　　　27日　札幌商店に商品¥80,000を売り上げ代金は現金で受け取った。

3．次の一連の取引について仕訳しなさい。
　　9月16日　現金の実際有高を調べたところ、実際有高は¥6,000で帳簿残高¥9,000より¥3,000不足していた。
　　9月23日　不一致の原因を調べたところ借入金の利息¥3,000を支払っていたが、まだ記入していなかった。

4．次の一連の取引について仕訳しなさい。
　　10月8日　現金の実際有高を調べたところ、実際有高は¥88,000で帳簿残高¥85,000より¥3,000過剰であった。
　　10月9日　不一致の原因を調べたところ商品売買の仲介による手数料¥3,000の受け取りをまだ記入していなかった。

5．次の取引について仕訳を行いなさい。
　　①　福岡商店は、大阪銀行と当座取引契約を結び現金¥100,000を預け入れた。
　　②　沖縄商店は仕入先長崎商店の買掛金¥20,000を小切手を振り出して支払った。
　　③　鹿児島商店は得意先佐賀商店より売掛金¥40,000を小切手で受け取り、ただちに当座預金へ預け入れた。
　　④　宮崎商店から売掛金¥50,000を当店が振り出した小切手で受け取った。
　　⑤　大分商店の買掛金¥70,000を小切手を振り出して支払った。なお当座預金の残高は、¥30,000で、限度額¥100,000の当座借越契約を結んでいる。
　　⑥　熊本商店からの売掛金¥120,000を小切手で受け取り、ただちに当座預金に預け入れた。なお、当座借越しの残高は¥60,000である。

6．次の取引を当座預金出納帳に記入し、締め切りなさい。なお、開始記入も示すこと。（ただし、限度額¥300,000の当座借越契約を結んでおり、前月繰越は記入済みである。）
　　11月5日　事務用机¥100,000を買い入れ小切手＃21を振り出して支払った。

12日　福岡商店の買掛金¥90,000を小切手♯22を振り出して支払った。
18日　山口商店から売掛金回収として¥300,000を同店振出の小切手で受け取りただちに当座預金に預け入れた。
27日　本月分の給料¥120,000を小切手♯23を振り出して支払った。

7．次の取引について仕訳を行いなさい。
① 定額資金前渡法により、庶務係に小切手¥20,000を振り出して前渡した。
② 会計係に庶務係から次のような支払いの報告があった。
　　通信費¥3,000　交通費¥1,000　消耗品費¥1,200
③ 庶務係に小切手¥5,200を振り出して小口現金を補給した。

8．①小口現金出納帳に必要な記入を行いなさい。なお、定額資金前渡法により庶務係は、毎月月末に資金の補給を受ける。
　5月7日　コピー用紙代　　¥300
　　12日　電車回数券　　¥1,600
　　14日　郵便切手代　　　¥800
　　15日　文房具代　　　　¥300
　　19日　電話料金　　　¥4,000
　　21日　茶菓子代　　　　¥500
　　22日　タクシー代　　¥4,000
　　30日　新聞代　　　　¥2,000
② 5月31日に会計係は庶務係から小口現金の支払いの報告を受け、ただちに同額を小切手を振り出して補給した。

第10章　商品売買の記帳

　ここでは3分法による商品売買の記帳方法について学習する。これまでは商品売買に関する取引は、商品勘定と商品売買益勘定に記入してきた（分記法）。本章で学習する方法は、商品売買に関する取引を繰越商品勘定・仕入勘定・売上勘定に記入する方法である。この方法を3分法という。

1．分記法と3分法

(1) 分記法

　これまで学んできた商品売買の取引に関する記帳は、商品を仕入れたとき、その商品の仕入原価を商品勘定の借方に記入し、売り渡したときは商品勘定の貸方に**売り上げた商品の仕入原価**（これを**売上原価**という）で記入するとともに、売価と売上原価との差額を、商品売買益勘定の貸方に記入した。このように、売価を仕入原価の部分と商品売買益の部分とに分けて記帳する方法を分記法という。

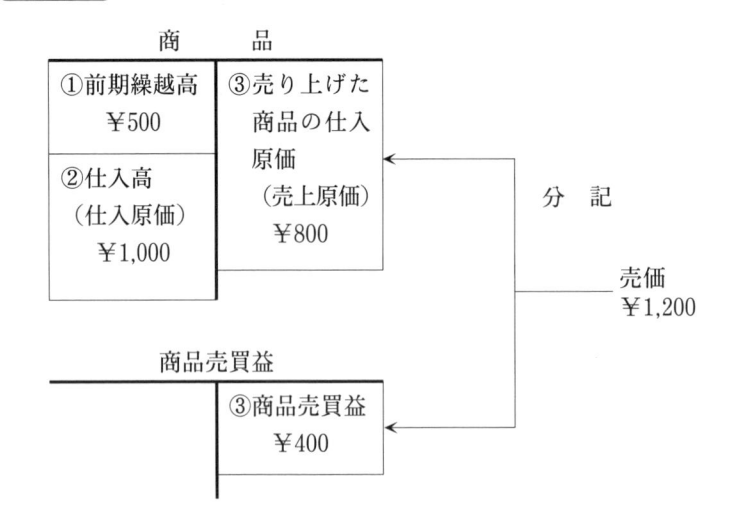

```
分記法

           商　　品
  ①前期繰越高 │ ③売り上げた
    ¥500    │   商品の仕入
  ──────── │   原価
  ②仕入高   │  （売上原価）
   （仕入原価）│    ¥800        ┐
    ¥1,000  │                │ 分　記
                              │
                              │  売価
                              │  ¥1,200
           商品売買益           │
            │ ③商品売買益    ┘
            │    ¥400
```

　分記法では、商品の販売のつど、商品の仕入原価を調べて売買益を計算しなければならないので、商品の種類が多い場合や売買取引が多い場合は不便であり、実務上の適用はきわめて限られている。

(2) 3分法

そこで、商品売買の記帳を①繰越商品勘定（資産の勘定）②仕入勘定（費用の勘定）③売上勘定（収益の勘定）の三つの勘定を用いて処理する3分法がひろく用いられている。

> 3分法

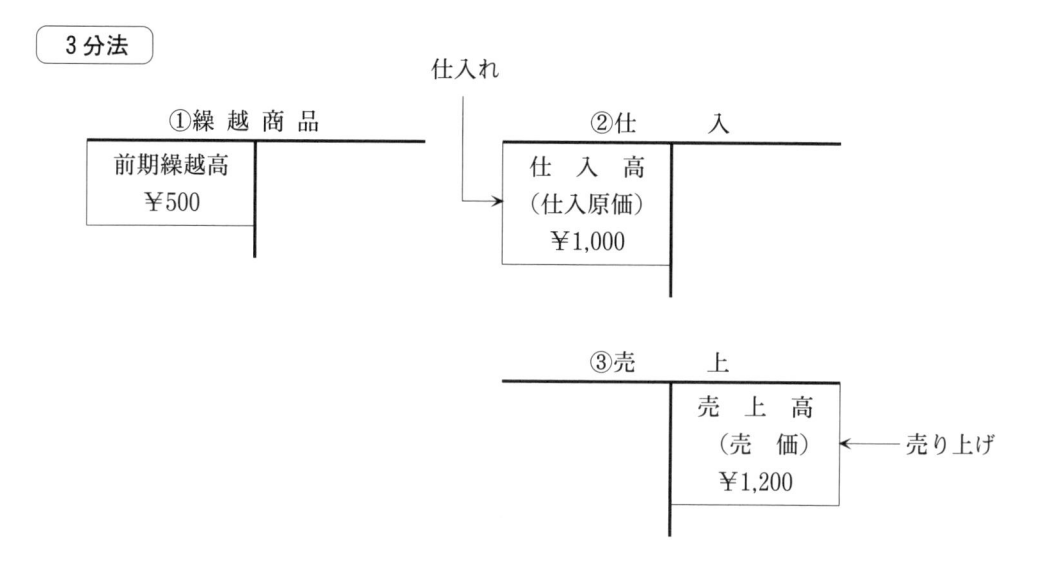

```
        ①繰 越 商 品              仕入れ        ②仕      入
 前期繰越高                            →   仕 入 高
   ¥500                                   （仕入原価）
                                            ¥1,000


                                        ③売      上
                                           売 上 高
                                          （売  価）   ← 売り上げ
                                           ¥1,200
```

① 繰越商品勘定・・・前期より繰り越された商品の有高を仕入原価で記入する。
② 仕入勘定・・・・・当期に商品を仕入れるつど、その仕入高（仕入原価）を借方に記入し、仕入戻し・仕入値引きなどがあれば貸方に記入する。
　　　　　　　　　　商品を仕入れるとき、引取運賃や保険料などを支払うことがある。これらの費用を**仕入諸掛り**といい、商品の購入代価に仕入諸掛りを含めて仕入勘定の借方に記入する。

　　　仕入高（仕入原価） ＝ 購入代価 ＋ 仕入諸掛り

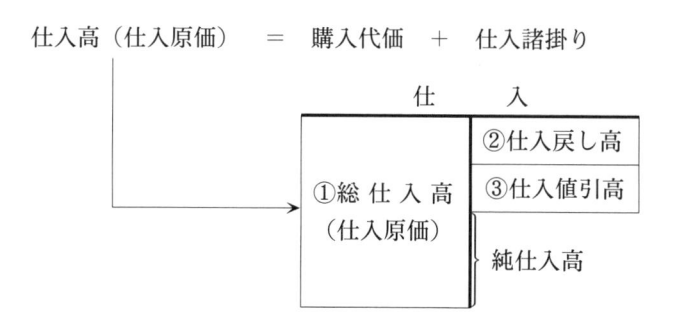

```
                    仕      入
                         │ ②仕入戻し高
     ①総仕入高          │ ③仕入値引高
     （仕入原価）         ├──────────
                         │ 純仕入高
```

（a）仕入れた商品が、傷んでいたり注文と違っているようなときなどに、仕入先へ返品することを**仕入戻し**という。売り手から見れば、**売上戻り**となる。
（b）仕入れた商品に多少の傷みや、汚れがあったときなどに、仕入先から値引きを受けるときがある。これを**仕入値引き**という。売り手から見れば**売上値引き**となる。

例題10－1

次の取引について、仕訳を行い、仕入勘定に転記しなさい。

9月5日　博多商店から次の商品を仕入れ、代金は掛けとした。
　　　　　　M型ボールペン　50ダース　　@¥ 900　　¥45,000

　7日　博多商店から仕入れた上記商品のうち、10ダースが破損していたので返品した。
　　　　なお、代金は買掛金から差し引くことにした。

　10日　太宰府商店から次の商品を仕入れ、代金は掛けとした。なお、引取運賃¥1,800は現金で支払った。
　　　　　　L型ボールペン　60ダース　　@¥1,230　　¥73,800

　19日　福岡商店から商品を仕入れ、代金のうち¥50,000は小切手を振り出して支払い、残額は掛けとした。
　　　　　　L型ボールペン　75ダース　　@¥1,280　　¥ 96,000
　　　　　　M型　　〃　　　30　〃　　　〃〃 800　　〃 24,000

解　答

	借方科目	金　額	貸方科目	金　額
9／5	仕　　入	45,000	買　掛　金	45,000
7	買　掛　金	9,000	仕　　入	9,000
10	仕　　入	75,600	買　掛　金	73,800
			現　　金	1,800
19	仕　　入	120,000	当座預金	50,000
			買　掛　金	76,400

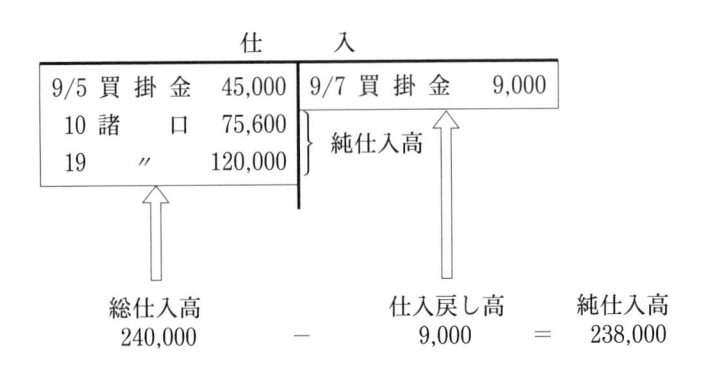

```
              仕        入
   9/5 買 掛 金   45,000 │ 9/7 買 掛 金   9,000
    10  諸    口  75,600 │
    19   〃      120,000 │  純仕入高
```

　　総仕入高　　　　　仕入戻し高　　純仕入高
　　240,000　　－　　　9,000　　＝　238,000

③　**売上勘定**・・・当期に商品を売り上げるつど、その売上高（売価）を貸方に記入し、売上戻り・売上値引きなどがあれば借方に記入する。

```
            売         上
    ②売上戻り高    │ ①総売上高
    ③売上値引き高  │  （売　価）
           純売上高 {
```

※　商品を売り渡すときに支払った発送運賃などの発送諸掛りは、**発送費勘定**（費用の勘定）を用いて記入する。ただし、発送費が買主負担のときは立替金（資産の勘定）を用いて記入する。なお立替勘定の帳簿を設けていない場合は、売掛金勘定で処理をする。

例題10－2

次の取引についての仕訳を行い、売上勘定に転記しなさい。

9月12日　北九州商店は次の商品を売り渡し、代金は同店振り出しの小切手で受け取った。
　　　　　L型ボールペン　40ダース　　@¥1,650　　¥ 66,000

23日　久留米商店に次の商品を売り渡し、代金は掛けとした。なお、発送費¥5,600は現金で支払った。
　　　　　L型ボールペン　65ダース　　@¥1,650　　¥107,250
　　　　　M型　〃　　　　40　〃　　　〃1,400　　¥ 56,000

26日　久留米商店に売り渡した商品について、L型ボールペンの一部10ダースが品違いのため返品された。なお、返品額については、売掛金から差し引くことにした。

解　答

	借方科目	金　額	貸方科目	金　額
9／12	現　　　金	66,000	売　　　上	66,000
23	売　掛　金	163,250	売　　　上	163,250
	発　送　費	5,600	現　　　金	5,600
26	売　　　上	16,500	売　掛　金	16,500

```
                  売         上
売上戻り高 ⇒ │ 9/26 売掛金 16,500 │ 9/12 現　　金  66,000 │ ⇐ 総売上高
              │                    │ 純売上高 { 23 売掛金 163,250 │
```

（総売上高）229,250 － （売上戻り高）16,500 ＝ 212,750 ← 純売上高

2．商品売買損益の計算

　3分法によって記帳している場合には、分記法のときと違って販売のつど商品売買損益が計算されてないので、次の方法によって期末にまとめて計算する。

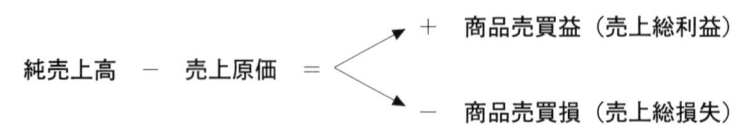

純売上高　－　売上原価　＝　＋　商品売買益（売上総利益）
　　　　　　　　　　　　　　－　商品売買損（売上総損失）

売上原価は、一会計期間に売り上げられた商品の仕入原価をいい、次の式にもとづいて計算する。

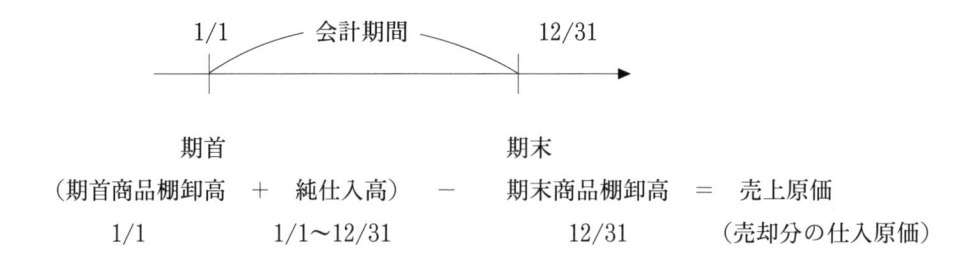

```
        1/1      会計期間      12/31
         |────────────|─────────→

         期首                    期末
   （期首商品棚卸高　＋　純仕入高）　－　期末商品棚卸高　＝　売上原価
      1/1        1/1～12/31            12/31         （売却分の仕入原価）
```

例題10－3

　福岡商店における一会計期間の仕入勘定、売上勘定の合計額は下記のとおりである。よって、(1) 売上原価　(2) 商品売買損益を計算しなさい。ただし、期末商品棚卸高は¥15,000である。

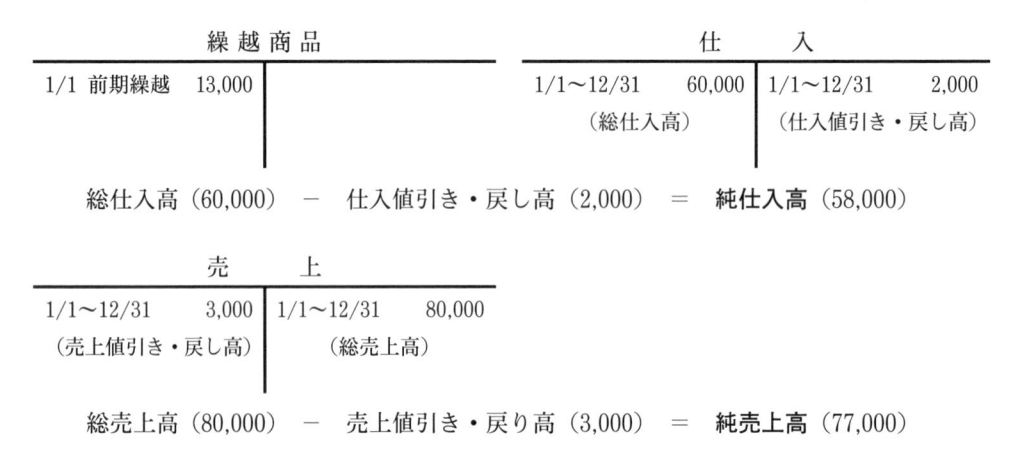

```
         繰　越　商　品                          仕　　　　入
1/1 前期繰越   13,000              1/1～12/31  60,000 │ 1/1～12/31   2,000
                                    （総仕入高）    │ （仕入値引き・戻し高）
```

　　総仕入高（60,000）　－　仕入値引き・戻し高（2,000）　＝　**純仕入高（58,000）**

```
            売　　　　上
1/1～12/31   3,000 │ 1/1～12/31  80,000
（売上値引き・戻し高） │ （総売上高）
```

　　総売上高（80,000）　－　売上値引き・戻り高（3,000）　＝　**純売上高（77,000）**

解　答
(1) 売上原価の計算

　　（期首商品棚卸高）　　　（純仕入高）　　　（期末商品棚卸高）　　　（売上原価）
　　　　13,000　　　＋　　　58,000　　　－　　　15,000　　　＝　　　56,000

(2) 商品売買損益の計算

　　（純売上高）　　（売上原価）　　（商品売買益）
　　　77,000　　－　　56,000　　＝　　21,000

3．仕入帳と売上帳

商品売買取引の明細を記録する補助簿として、**仕入帳と売上帳**が用いられる。

(1) 仕入帳

仕入帳は、仕入取引を発生順に、その明細を記録する補助簿（補助記入帳）である。仕入に関する取引は、仕入勘定に転記するとともに仕入帳に記入する。仕入勘定と仕入帳を照合することにより、記帳の確認ができる。

≪記入方法≫
① 取引の日付、仕入先名、代金の支払方法（具体的）、品名、数量、単価、金額などを記入する。
② １取引で２品目以上の商品を仕入れたときや、仕入諸掛りがあるときは、**内訳欄にそれぞれ金額を記入する**とともに、**合計金額を金額欄に記入する**。
③ 仕入戻し・仕入値引きは日付から金額まですべてを赤字で記入する。
④ 帳簿を締め切る場合、総仕入高から仕入戻し高・仕入値引高を差し引いて純仕入高を記入する。このとき、仕入戻し高・仕入値引高はすべて赤字で記入する。

例題10－4

例題10－１の取引を仕入帳に記入しなさい。

解　答

仕　入　帳

平成○年		摘　　要	内　訳	金　額
9	5	博多商店　　　　　　　　　掛　　け		
		M型ボールペン　50ダース　@¥ 900		45,000
	7	博多商店　　　　　　　　　掛け戻し		
		M型ボールペン　10ダース　@¥ 900		9,000
	10	大宰府商店　　　　　　　　掛　　け		
		L型ボールペン　60ダース　@¥1,230	73,800	
		引取運賃現金払い	1,800	75,600
	25	福岡商店　　　　　　　　　小切手・掛け		
		L型ボールペン　75ダース　@¥1,280	96,000	
		M型ボールペン　30ダース　@¥ 800	24,000	120,000
	30	総仕入高		240,600
	〃	仕入戻し高		9,000
		純仕入高		231,600

仕入値引や仕入戻しは、日付から金額まで赤字で記入

(2) 売上帳

売上帳は、売り上げに関する取引を発生順にその明細を記録する補助簿（補助記入帳）である。売り上げに関する取引は、売上勘定に転記するとともに売上帳に記入する。

売上勘定と売上帳を照合することにより、記帳の確認ができる。

≪記入方法≫
① 取引の日付、得意先名、代金の受取方法（具体的に）数量、単価、金額などを記入する。
② １取引で２品目以上の商品を売り上げたときは、**内訳欄に記入**するとともに、その**合計額を金額欄に記入**する。
③ **売上戻りや、売上値引きは日付から金額まですべて赤字で記入する。**
④ 帳簿を締め切る場合、総売上高から売上戻り高・売上値引高を差し引いて純売上高を記入する。このとき、売上戻り高・売上値引高はすべて赤で記入する。

例題10－5

例題10－2の取引を売上帳に記入しなさい。

解　答

売　上　帳

平成○年		摘　要	内　訳	金　額
9	12	博多商店　　　　　　　　小切手		
		L型ボールペン　40ダース　@¥1,650		66,000
	23	久留米商店　　　　　　　　掛け		
		L型ボールペン　65ダース　@¥1,650	107,250	
		M型ボールペン　40ダース　@¥1,400	56,000	163,250
	26	久留米商店　　　　　　　掛け戻り		
		L型ボールペン　10ダース　@¥1,400		14,000
	30	総売上高		229,250
	〃	売上戻り高		14,000
		純売上高		215,250

売上戻りは日付から金額まで赤字で記入

4．商品有高帳

　商品有高帳は、商品の受け入れ、払い出しおよび残高の明細を記録する補助簿（補助元帳）である。この帳簿には、商品の種類ごとに口座を設ける。

　同一種類の商品でも仕入先や仕入時期が違えば仕入単価が異なることがある。この場合、どの仕入単価をもって、払出単価を用いるかを決めなければならない。

　商品有高帳の様式を示せば次のとおりである。

商 品 有 高 帳

（先入先出法）　　　　　　　　品名：××　　　　　　　　　　　　　単価：××

平成×年	適要	受　入			払　出			残　高		
		数量	単価	金　額	数量	単価	金　額	数量	単価	金　額

　商品有高帳の記入上の注意点は下記のとおりである。
① 　商品有高帳には受入高・払出高・残高について、該当する欄に数量・単価・金額を記入する。単価・金額はすべて仕入原価で記入する。
② 　仕入諸掛りがあるときは、仕入原価に含め、その金額を仕入数量で割って単価を計算する。
③ 　仕入戻しは、その商品の仕入代価で払出欄に記入し、残高欄の金額と単価を記入する。売上

戻りは、その商品の払出単価で、受入欄に記入する。
仕入値引きは、値引額だけを払出欄に記入し、残高欄に修正された単価と金額を記入する。
なお、売上値引きは売価の修正であるから、商品有高帳に記入しない。
商品有高帳の記入方法にはいろいろあるが、ここでは、先入先出法、移動平均法について学習する。

(1) 先入先出法（First in First out Method：Fifo）
先入先出法は**先**に受け入れた商品から、**先**に払い出すものとして払出単価を決める方法である。

例題10－6
例題10－1、10－2のL型ボールペンについての取引を、商品有高帳記入しなさい。ただし、払出単価は先入先出法により決めるものとし、前月繰越は￥36,000（30ダース@￥1,200）であったとする。

解　答

商品有高帳
品名：L型ボールペン　　　単価：ダース
（先入先出法）

平成○年		摘要	受入			払出			残高		
			数量	単価	金額	数量	単価	金額	数量	単価	金額
9	1	前月繰越	30	1,200	36,000				30	1,200	36,000
	10	仕入	60	1,260	75,600				⎧30	1,200	36,000
									⎩60	1,260	75,600
	12	売上				⎧30	1,200	36,000			
						⎩10	1,260	12,600	50	1,260	63,000
	19	仕入	75	1,280	96,000				⎧50	1,260	63,000
									⎩75	1,280	96,000
	23	売上				⎧50	1,260	63,000			
						⎩15	1,280	19,200	60	1,280	76,800
	25	売上戻り	10	1,280	12,800				70	1,280	89,600
	30	次月繰越				70	1,280	89,600			
			175		220,400	175		220,400			
10	1	前月繰越	70	1,280	89,600				70	1,280	89,600

- 仕入れ、売り上げまたは商店名を記入
- 仕入れたとき、売り上げ戻りのときに記入
- 売り上げたとき、仕入戻しや仕入値引きのときに記入
- 払出した商品の原価で記入
- 購入代価＋仕入諸掛り　$\dfrac{73,800 + 1,800}{60}$ ← 受入数量
- 数量と金額の合計のみを受入欄、払出欄に記入

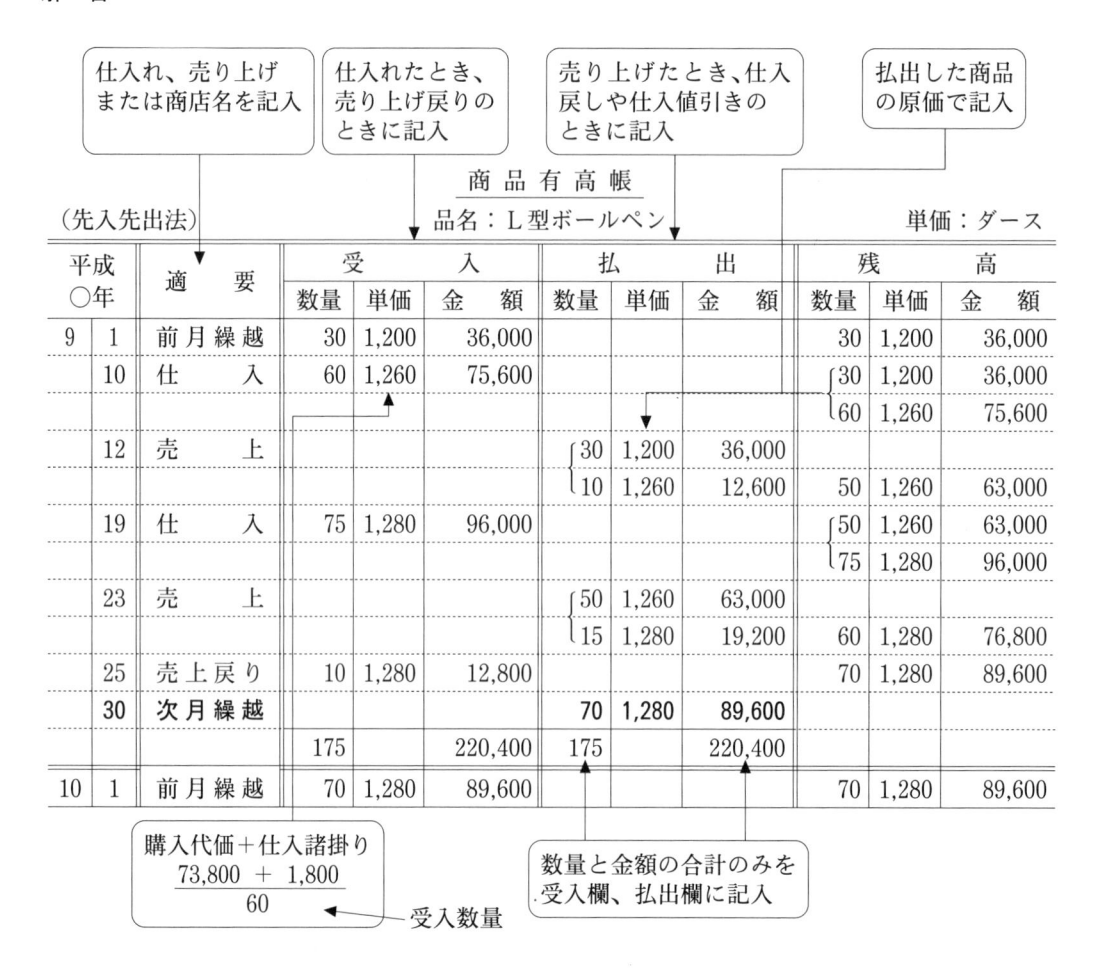

(2) 移動平均法

移動平均法は、異なる単価の商品を仕入れるつど、受入前の残高金額と仕入原価との合計額を、残高数量と仕入数量の合計数量で割って平均単価を算出し、その平均単価をその後の払出単価とする方法である。

$$平均単価 = \frac{残高金額 + 仕入原価}{残高数量 + 仕入数量}$$

例題10－7

例題10－1、10－2のL型ボールペンについての取引を、商品有高帳に記入しなさい。ただし、払出単価は移動平均法によるものとし、前月繰越は￥36,000（30ダース@￥1,200）であったとする。

解　答

商　品　有　高　帳

（移動平均法）　　　　　　　品名：L型ボールペン　　　　　　　　単価：ダース

平成○年		適　要	受　入			払　出			残　高		
			数量	単価	金　額	数量	単価	金　額	数量	単価	金　額
9	1	前 月 繰 越	30	1,200	36,000				30	1,200	36,000
	10	仕　　　入	60	1,260	75,600				90	1,240	111,600
	12	売　　　上				40	1,240	49,600	50	1,240	62,000
	19	仕　　　入	75	1,280	96,000				125	1,264	158,000
	23	売　　　上				65	1,264	82,160	60	1,264	75,840
	25	売 上 戻 り	10	1,264	12,640				70	1,264	88,480
	30	次 月 繰 越				70	1,264	88,480			
			175		220,240	175		220,240			
10	1	前 月 繰 越	70	1,264	88,480				70	1,264	88,480

【練習問題】

1．次の取引の仕訳を示しなさい。ただし、商品に関する勘定は3分法によること。
(1) 福岡商店から商品￥250,000を仕入れ、代金は掛けとした。なお、引取運賃￥3,800は現金で支払った。
(2) 福岡商店から仕入れた上記商品のうち、不良品があったので￥30,000の値引きを受けた。
(3) 博多商店に商品￥340,000を売り渡した、代金のうち￥100,000は同店振り出しの小切手で受

け取り、残額は掛けとした。なお、発送費￥12,000は小切手を振り出して支払った。
(4) 博多商店に売り渡した商品の一部に品違いがあり、￥40,000分が返品された。なお、この代金は売掛金から差し引くことにした。
(5) 高宮商店に商品￥170,000を売り渡し、代金は同店振り出しの小切手で受け取りただちに当座預金にした。なお先方負担の発送費￥5,600を現金払いにした。

2．太宰府商店の次の取引を仕入帳・売上帳・商品有高帳（A品）に記入して締め切りなさい。
　　ただし、商品有高帳は、A品（前月繰越　400個　@￥320）を先入先出法で記入しなさい。
　10月5日　平尾商店に次の商品を売り渡し、代金は同店振り出しの小切手で受け取った。
　　　　　　　　A　品　260個　@￥430
　　　7日　鳥栖商店から次の商品を仕入れ、代金は掛けとした。
　　　　　　　　A　品　300個　@￥340
　　　　　　　　B　品　140個　@￥250
　　　12日　佐賀商店に次の商品を売り渡し、代金のうち￥80,000は同店振り出しの小切手で受け取り、残額は掛けとした。
　　　　　　　　A　品　280個　@￥450
　　　　　　　　B　品　160個　@￥320
　　　14日　佐賀商店に売り渡したA商品のうち、品違いのため次のとおり返品を受けた。なお、代金は売掛金から差し引くことにした。
　　　　　　　　A　品　30個　@￥450
　　　17日　天神商店から次の商品を仕入れ、代金は掛けとした。なお、引取運賃￥2,000は現金で支払った。
　　　　　　　　B　品　120個　@￥260
　　　18日　天神商店から仕入れた上記商品について、20個が品質不良のため、下記のとおり値引きを受けた。
　　　　　　　　B　品　20個　@￥50
　　　23日　博多商店から次の商品を仕入れ、代金のうち￥50,000は小切手を振り出して支払い、残額は掛けとした。
　　　　　　　　A　品　200個　@￥350
　　　27日　久留米商店に次の商品を売り渡し、代金は同店振り出しの小切手で受け取りただちに当座預金とした。なお、発送運賃￥25,000は現金で支払った。
　　　　　　　　A　品　240個　@￥450
　　　　　　　　B　品　100個　@￥270

第11章　掛け取引の記帳

　ここでは、商品売買に伴う代金の支払い方法について学習する。商品売買における代金の支払いには、後日一定期日に決済することを約束する方法がある。この方法によって商品の売買をする取引を掛け取引といい、掛け売りによって生じた債権を売掛金、掛け買いによって生じた債務を買掛金という。

1．売掛金勘定と売掛金元帳

(1) 売掛金勘定（得意先すべての掛け取引を記入する総勘定元帳）
　得意先に商品を掛けで売り渡したときは、売掛金勘定の借方に記入し、掛け代金回収高、戻り高・値引高は貸方に記入する。

(2) 売掛金元帳（得意先別に掛け取引を記入する補助簿）
　得意先ごとの売掛金の明細を記録するために、売掛金元帳（得意先元帳）を補助簿（補助元帳）として用いる。売掛金元帳には各得意先の氏名や商号を勘定科目とする人名勘定の口座を設け、得意先ごとの売掛金の増減の明細を記入する。各人名勘定の残高は未回収高を示す。

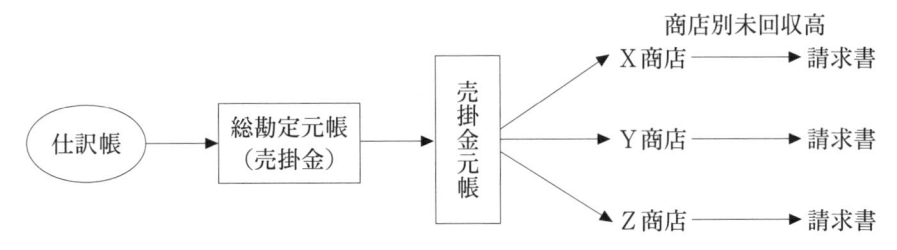

```
                                            商店別未回収高
                                        ┌→ X商店 ──→ 請求書
 ┌─────┐   ┌──────────┐   ┌──────┐│
 │ 仕訳帳 │→│ 総勘定元帳 │→│売掛金│├→ Y商店 ──→ 請求書
 └─────┘   │ （売掛金） │   │ 元帳 ││
            └──────────┘   └──────┘└→ Z商店 ──→ 請求書
```

＊補助簿について
　補助簿は補助記入帳と補助元帳に分類される。
(1) 補助記入帳・・・特定の取引の内容（明細）を記入する補助簿である。
　　　　現金出納帳・当座預金出納帳・小口現金出納帳・仕入帳・売上帳・受取手形記入帳・
　　　　支払手形記入帳等がある。
(2) 補助元帳・・・特定の取引の内訳について記入する補助簿である。
　　　　売掛金元帳（得意先元帳）・買掛金元帳（仕入先元帳）・商品有高帳
　　　　掛け売りの商店別　　　　掛け仕入れの商店別　　　商品種類別

総勘定元帳

売　掛　金

①前期繰越高　¥200	③回　収　¥1,700
②掛売上高　¥2,500	④戻り・値引高　¥140
	残高（未回収高）¥860

合計額一致　¥2,700　　　　　　　　　　　　　　合計額一致　¥1,840

売　掛　金　元　帳

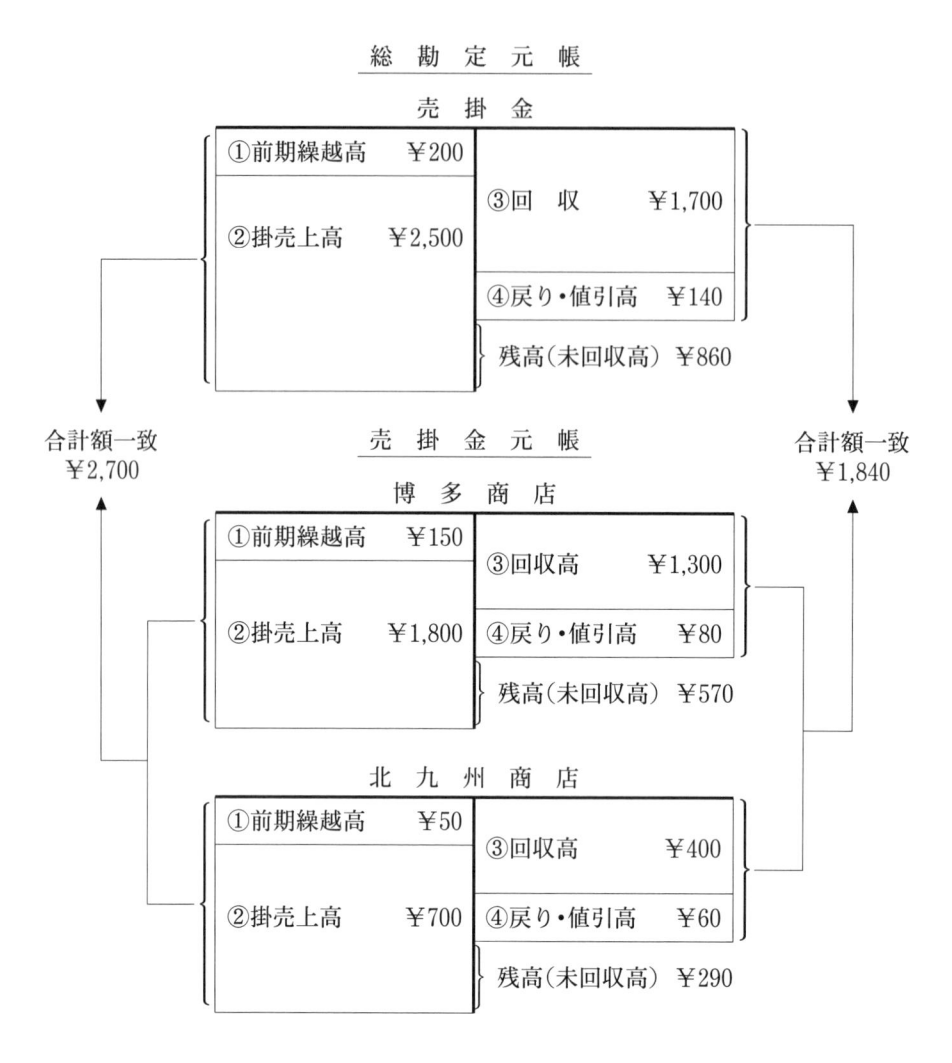

博　多　商　店

①前期繰越高　¥150	③回収高　¥1,300
②掛売上高　¥1,800	④戻り・値引高　¥80
	残高（未回収高）¥570

北　九　州　商　店

①前期繰越高　¥50	③回収高　¥400
②掛売上高　¥700	④戻り・値引高　¥60
	残高（未回収高）¥290

例題11－1

福岡商店における次の取引について、仕訳を示し、総勘定元帳の売掛金勘定および売掛金元帳に記入し締め切りなさい。なお、売掛金明細表を作成すること。

1月1日　前期繰越高　　売掛金¥290,000
　　　　　　内訳：太宰府商店　¥170,000　小倉商店　¥120,000
　　7日　太宰府商店に商品¥160,000を売り渡し、代金は掛けとした。
　　9日　太宰府商店から品違いのため¥20,000の商品が返品された。なお、代金は売掛金から差し引くことにした。
　15日　小倉商店に商品¥50,000を売り渡し、代金は掛けとした。
　25日　売掛金の回収として太宰府商店から¥170,000、小倉商店から¥130,000を同店振り出し小切手で受け取った。

解 答

仕訳の（　　　）は売掛金元帳の人名勘定を示す。

	借方科目	金　額	貸方科目	金　額
1/7	売　掛　金 （太宰府商店）	160,000	売　　　上	160,000
9	売　　　上	20,000	売　掛　金 （太宰府商店）	20,000
15	売　掛　金 （小倉商店）	50,000	売　　　上	50,000
25	現　　　金	300,000	売　掛　金 　｛太宰府商店 　　小倉商店	300,000 170,000 130,000

総 勘 定 元 帳

売　掛　金

1/1	前期繰越	290,000	1/9	売　　上	20,000
7	売　　上	160,000	25	現　　金	300,000
15	〃	50,000	残高（未収分）		180,000

売 掛 金 明 細 表

	1月1日	1月31日
太宰府商店	¥170,000	¥140,000
小倉商店	〃120,000	〃 40,000
	290,000	180,000

> ＊残高欄の記入
> 1/1借方残高に1/7**借方**記入のときは、合計金額を記入
> 　　170,000　＋　160,000　＝　330,000　①　◀────　1/7　**借残**
> 1/7借方残高に1/9**貸方**記入のときは、差し引きをした金額を記入
> 　　330,000　－　20,000　＝　310,000　②　◀────　1/9　**借残**

売 掛 金 元 帳
太宰府商店

平成○年		摘　　要	借　方	貸　方	借または貸	残　高	
1	1	前月繰越	170,000		借	170,000	
	7	売り上げ	160,000		〃	330,000	◀①
	9	売上戻り		20,000	〃	310,000	◀②
	25	小切手受け取り		170,000	〃	140,000	
	31	次月繰越		140,000			
			330,000	330,000			
2	1	前月繰越	140,000		借	140,000	

小倉商店

平成○年		摘　　要	借　方	貸　方	借または貸	残　高
1	1	前月繰越	120,000		借	120,000
	15	売り上げ	50,000		〃	170,000
	25	小切手受け取り		130,000	〃	40,000
	31	次月繰越		40,000		
			170,000	170,000		
2	1	前月繰越	40,000		借	40,000

2．買掛金勘定と買掛金元帳

(1) 買掛金勘定

仕入先から商品を掛けで仕入れたときは買掛金勘定の貸方に記入し、掛け代金を支払ったり、掛けで仕入れた商品を戻したり、値引を受けたときは買掛金勘定の借方に記入する。

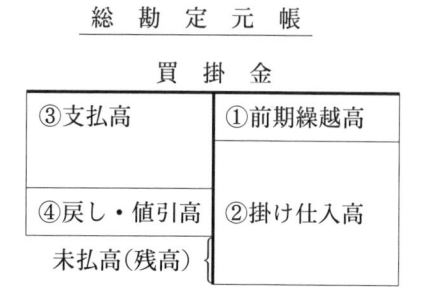

総　勘　定　元　帳

買　掛　金

③支払高	①前期繰越高
④戻し・値引高	②掛け仕入高
未払高（残高）	

(2) 買掛金元帳（仕入先別に掛け取引を記入する補助簿）

仕入先ごとの買掛金の明細を記録するために、買掛金元帳を（仕入先元帳）を補助簿（補助元帳）として用いる。

買掛金元帳には各仕入先の氏名や商号を勘定科目とする人名勘定の口座を設け、仕入先ごとに買掛金の増減の明細を記入する。各人名勘定の残高は未払高を示す。

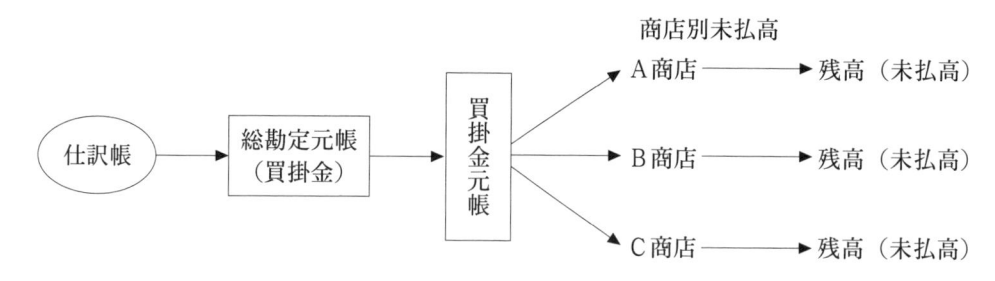

```
                                        商店別未払高
                                      → A商店 → 残高（未払高）
仕訳帳 → 総勘定元帳 → 買掛金元帳 → B商店 → 残高（未払高）
         （買掛金）                  → C商店 → 残高（未払高）
```

総勘定元帳
買　掛　金

③支払高　　￥1,600	①前期繰越高　　￥150
④戻し・値引高　￥120	②掛仕入高　　￥1,800
未払高（残高）￥230	

合計額一致　￥1,720　　　　　　　　　　　　　　　　　　　合計額一致　￥1,950

買　掛　金　元　帳
福　岡　商　店

③支払高　　￥1,180	①前期繰越高　　￥90
④戻し・値引高　￥80	②掛仕入高　　￥1,300
未払高（残高）￥130	

太　宰　府　商　店

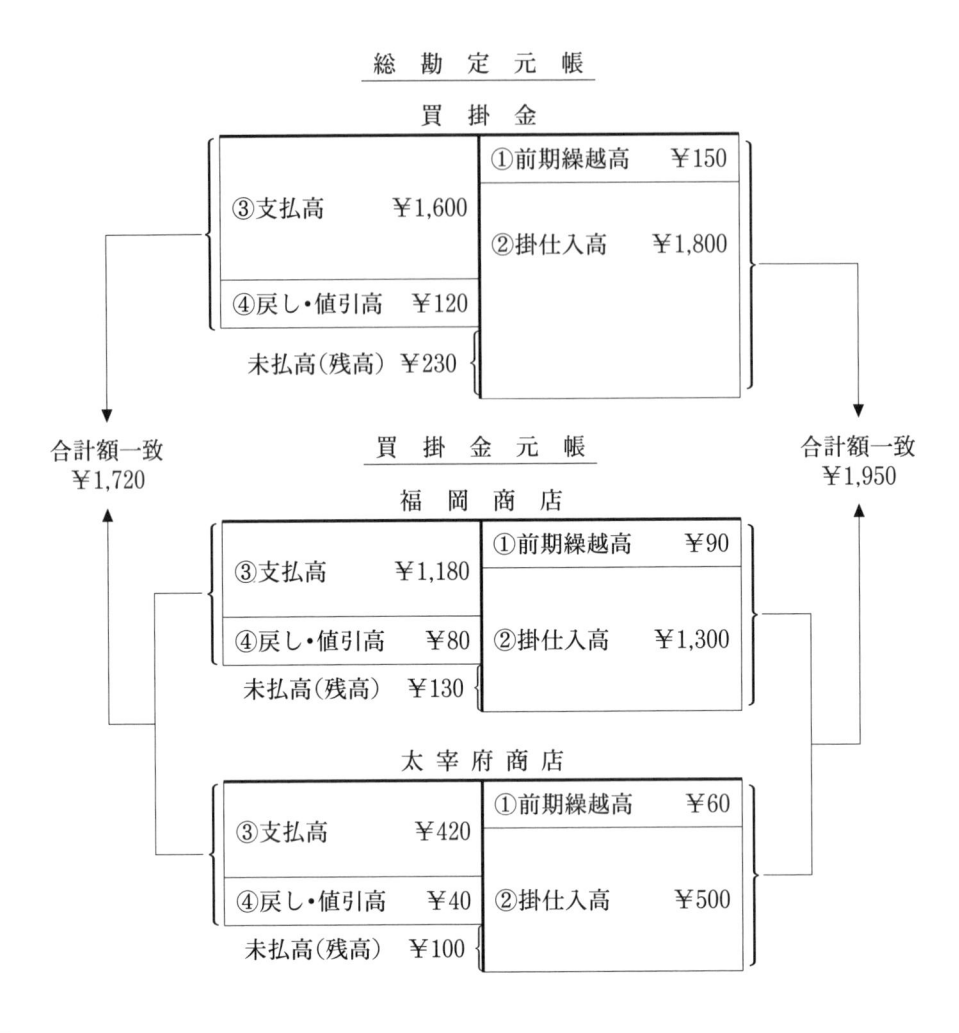

③支払高　　￥420	①前期繰越高　　￥60
④戻し・値引高　￥40	②掛仕入高　　￥500
未払高（残高）￥100	

例題11－2

次の取引について仕訳を示し、総勘定元帳の買掛金勘定および買掛金元帳に記入し締め切りなさい。なお、買掛金明細表を作成すること。

　1月1日　前期繰越高　　買掛金　￥250,000
　　　　　　内　訳　　　北九州商店　￥190,000　大分商店　￥60,000
　　3日　北九州商店から商品￥80,000仕入れ、代金は掛けとした。
　　6日　北九州商店から仕入れた上記商品のうち不良品があったので￥10,000の値引きを受けた。なお、代金は買掛金から差し引くことにした。
　　10日　大分商店から商品￥30,000を仕入れ、代金は掛けとした。
　　25日　北九州商店に対する買掛金￥150,000小切手を振り出して支払った。

解 答

	借方科目	金 額	貸方科目	金 額
1/3	仕　　入	80,000	買　掛　金 （北九州商店）	80,000
6	買　掛　金 （北九州商店）	10,000	仕　　入	10,000
10	仕　　入	30,000	買　掛　金 （大分商店）	30,000
25	買　掛　金 （北九州商店）	150,000	当　座　預　金	150,000

総　勘　定　元　帳

買　掛　金

1/6 仕　　入	10,000	1/1 前期繰越	250,000
25 当座預金	150,000	3 買　掛　金	80,000
残高（未払分）	200,000	10 〃	30,000

買　掛　金　明　細　表

	1月1日	1月31日
北九州商店	¥190,000	¥110,000
大分商店	〃 60,000	〃 90,000
	250,000	200,000

> *残高欄の記入
> 　1/1の**貸方**残高に1/3**貸方**記入をするときは、合計金額を記入
> 　　190,000　＋　80,000　＝　270,000　① ←――― 1/3　**貸残**
> 　1/3の**貸方**残高に1/6**借方**記入をするときは、差引をした金額を記入
> 　　270,000　－　10,000　＝　260,000　② ←――― 1/6　**貸残**

買　掛　金　元　帳

北九州商店

平成○年		摘　　要	借　方	貸　方	借または貸	残　高
1	1	前月繰越		190,000	貸	190,000
	3	仕入れ		80,000	〃	270,000 ← ①
	6	仕入値引き	10,000		〃	260,000 ← ②
	25	小切手支払い	150,000		〃	110,000
	31	次月繰越	110,000			
			270,000	270,000		
2	1	前月繰越		110,000	貸	110,000

大　分　商　店

平成○年		摘　　要	借　方	貸　方	借または貸	残　高
1	1	前月繰越		60,000	貸	60,000
	10	仕入れ		30,000	〃	90,000
	31	次月繰越	90,000			
			90,000	90,000		
2	1	前月繰越		90,000	貸	90,000

【練習問題】
次の取引の仕訳を示し、総勘定元帳の売掛金勘定と買掛金勘定に転記して締め切りなさい。ただし、商品に関する勘定は3分法によること。また、売掛金元帳・買掛金元帳に記入して締め切りなさい。
なお、売掛金勘定と買掛金勘定の前期繰越高およびそれぞれの内訳は、次のとおりである。

　　　売掛金　　￥118,000（高宮商店￥65,000　筑紫商店￥53,000）
　　　買掛金　　￥ 83,000（香椎支店￥48,000　古賀商店￥35,000）

10月 5日　高宮商店に、商品￥78,000を売り渡し、代金は掛けとした。
　　 6日　高宮商店から、品質不良のため商品￥5,000が返品された。
　　13日　香椎商店から商品￥150,000を仕入れ、代金は掛けとした。
　　18日　筑紫商店に商品￥56,000を売り上げ、代金のうち￥30,000は現金で受け取り、残額は掛けとした。
　　23日　筑紫商店に対する売掛金のうち￥65,000を、同店振り出しの小切手で受け取った。
　　25日　古賀商店に対する買掛金のうち￥80,000を小切手振り出して支払った。

第12章　その他の債権・債務の記帳

前章では商品の仕入れおよび売り上げに関連して生じる債権・債務を表す勘定、すなわち、売掛金勘定・買掛金勘定について学習した。また、次章でも債権・債務を表す勘定である受取手形勘定・支払手形勘定について学習する。ここでは、それ以外の債権・債務を表す勘定について学習する。

1．前払金と前受金

(1) 前払金勘定・前受金勘定

商品などの売買において、現物の受渡しもしくは用役の提供の前に、その代金の一部を手付金（または内金）として授受することがある。手付金や内金を支払った場合は**前払金勘定**（資産の勘定）の借方に記入する。手付金を受け取った場合は**前受金勘定**（負債の勘定）の貸方に記入する。

後日、商品などの受け渡し、もしくは用役の提供が行われたときに、前払分もしくは前受分は費用もしくは収益として認識される。そのため、前払いであれば、前払金勘定から仕入勘定の借方に振り替えることになる。また、前受けであれば、前受金勘定から売上勘定の貸方に振り替えることになる。

(2) 帳簿記録

(a) 前払金の場合

①手付金（内金）を支払ったとき

　　　（借）前　払　金　　ＸＸＸ　　（貸）○　○　○　　　ＸＸＸ

②商品を仕入れたとき

　　　（借）仕　　　入　　ＸＸＸ　　（貸）前　払　金　　ＸＸＸ
　　　　　　　　　　　　　　　　　　　　　○　○　○　　　ＸＸＸ

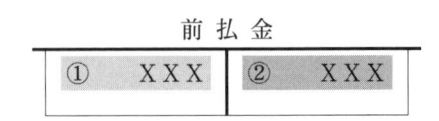

```
           前　払　金
    ① ＸＸＸ  │ ② ＸＸＸ
```

(b) 前受金の場合

①手付金（内金）を受け取ったとき

　　（借）○　○　○　　×××　　（貸）前　受　金　　×××

②商品を売り渡したとき

　　（借）前　受　金　　×××　　（貸）売　　　　上　　×××
　　　　　○　○　○　　×××

```
          前 受 金
    ② ×××  │ ① ×××
```

例題12－1

次の一連の取引について、山形商店と福島商店のそれぞれの立場で仕訳をしなさい。

10月1日　山形商店は福島商店に商品￥500,000を注文し、その内金として￥50,000を現金で支払った。

　　30日　山形商店は福島商店から上記の商品を受け取り、内金を差引いた残額の小切手を振り出して支払った。

解　答

山形商店

	借方科目	金　額	貸方科目	金　額
10／1	前　払　金	50,000	現　　　金	50,000
／30	仕　　　入	500,000	前　払　金	50,000
			当 座 預 金	450,000

福島商店

	借方科目	金　額	貸方科目	金　額
10／1	現　　　金	50,000	前　受　金	50,000
／30	前　受　金	50,000	売　　　上	500,000
	現　　　金	450,000		

2．未収金と未払金

(1) 未収金勘定・未払金勘定

　商品売買取引のような企業の本来の営業活動により生じた債権・債務、すなわち売り上げ代金や仕入れ代金の未決済については、売掛金勘定または買掛金勘定に記入してきた。しかし、商品以外の物品の売買において生じた債権・債務は他の勘定を用いる。

　商品以外のものを売却した場合は未収金勘定（資産の勘定）の借方に記入し、後日それを回収し

た場合にはその貸方に記入する。また、商品以外のものを購入し代金が未払いの場合には未払金勘定（負債の勘定）の貸方に記入し、後日それを支払った場合にはその借方に記入する。

(2) 帳簿記録
　(a) 未収金の場合
　　①売上以外の販売代金が未収のとき
　　　　　（借）未　収　金　　ＸＸＸ　　（貸）○　○　○　　ＸＸＸ

　　②未収代金を回収したとき
　　　　　（借）（現金など）　　ＸＸＸ　　（貸）未　収　金　　ＸＸＸ

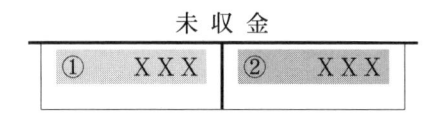

未　収　金

① ＸＸＸ	② ＸＸＸ

　(b) 未払金の場合
　　①仕入以外の購入代金が未払いのとき
　　　　　（借）○　○　○　　ＸＸＸ　　（貸）未　払　金　　ＸＸＸ
　　②未払代金を支払ったとき
　　　　　（借）未　払　金　　ＸＸＸ　　（貸）△　△　△　　ＸＸＸ

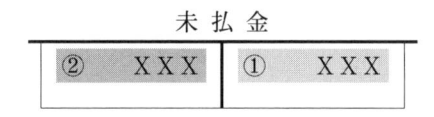

未　払　金

② ＸＸＸ	① ＸＸＸ

例題12－2

次の取引の仕訳をしなさい。
　10月15日　盛岡商店は不用になった備品（帳簿価額¥50,000）を¥50,000で秋田中古店に売却し、代金は月末に受け取ることにした。
　　　16日　盛岡商店は事務用コンピュータを¥200,000で購入し、代金は翌月末に支払うことにした。

解　答

	借方科目	金　額	貸方科目	金　額
10／15	未　収　金	50,000	備　　品	50,000
／16	備　　品	200,000	未　払　金	200,000

3．貸付金・借入金と手形貸付金・手形借入金

　企業が経営活動を行うなかで金銭を貸したり、借りたりすることがある。金銭を貸し・借りする方法には、借用証書を用いる方法と約束手形を借用証書の代わりとする方法がある。前者の借用証書を用いて金銭の貸し・借りを行うときに生じる債権・債務の増減は、**貸付金勘定**（資産の勘定）と**借入金勘定**（負債の勘定）を用いる。後者の約束手形を用いて貸し・借りを行うときに生じる債権・債務の増減は、商品売買の決済に用いる手形勘定と区別するために、**手形貸付金勘定**（資産の勘定）、**手形借入金勘定**（負債の勘定）を用いる。

(1) 貸付金・借入金

(a) 貸付金勘定・借入金勘定

　企業が借用証書を用いて取引先、関係会社や従業員などに貸し付けを行った場合は、貸付金勘定の借方に記入する。これに対して、企業が借用証書を用いて銀行などから借り入れを行った場合は借入金勘定の貸方に記入する。

　また、貸付金の利息を受け取ったときは**受取利息**という収益の勘定で処理し、借入金の利息を支払ったときは**支払利息**という費用勘定で処理する。

(b) 帳簿記録

　　b－1　貸付金の場合

　　　①貸し付けたとき

　　　　　（借）貸　付　金　　ＸＸＸ　　（貸）○　○　○　　ＸＸＸ

　　　②回収したとき

　　　　　（借）○　○　○　　ＸＸＸ　　（貸）貸　付　金　　ＸＸＸ

```
              貸 付 金
        ①    ＸＸＸ  │  ②    ＸＸＸ
```

　　b－2　借入金の場合

　　　①借り入れたとき

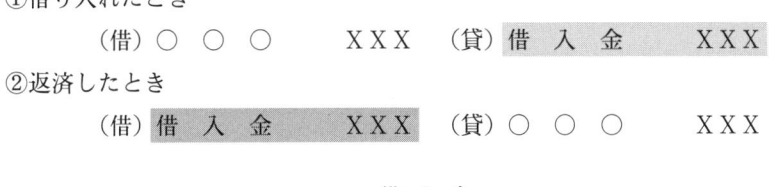

　　　　　（借）○　○　○　　ＸＸＸ　　（貸）借　入　金　　ＸＸＸ

　　　②返済したとき

　　　　　（借）借　入　金　　ＸＸＸ　　（貸）○　○　○　　ＸＸＸ

```
              借 入 金
        ②    ＸＸＸ  │  ①    ＸＸＸ
```

例題12－3

次の一連の取引を宮城商店と山形商店のそれぞれの立場で仕訳をしなさい。

4月1日　宮城商店は山形商店に対して、現金¥500,000を期間6ヶ月、年利率3％で貸し付けた。

9月30日　宮城商店は、満期日に山形商店から上記の貸付金を利息とともに同店振出しの小切手で受け取り、ただちに当座預金とした。

解　答

宮城商店

	借方科目	金　額	貸方科目	金　額
4／1	貸　付　金	500,000	現　　　金	500,000
9／30	当　座　預　金	507,500	貸　付　金	500,000
			受　取　利　息	7,500

山形商店

	借方科目	金　額	貸方科目	金　額
4／1	現　　　金	500,000	借　入　金	500,000
9／30	借　入　金	500,000	当　座　預　金	507,500
	支　払　利　息	7,500		

（利息計算　$¥500,000 \times 0.03 \times \dfrac{6ヶ月}{12ヶ月} = ¥7,500$）

例題12－4

次の一連の取引の仕訳をしなさい。

6月1日　岩手商店は第一銀行から¥1,000,000を年利率3.5％で借入れ、6ヶ月分の利息¥17,500を差し引かれた手取金を当座預金した。

12月31日　岩手商店は第一銀行に、上記の借入金¥1,000,000を現金で返済した。

解　答

	借方科目	金　額	貸方科目	金　額
6／1	当　座　預　金	982,500	借　入　金	1,000,000
	支　払　利　息	17,500		
12／31	借　入　金	1,000,000	現　　　金	1,000,000

(2) 手形貸付金と手形借入金

(a) 手形貸付金勘定と手形借入金勘定

借用証書の代わりに約束手形の受け取りによる貸し付けを行った場合は、**手形貸付金勘定**の借方

に記入する。これに対して、約束手形の振り出しによる借り入れを行った場合は、**手形借入金勘定**の貸方に記入する。金銭の借り手は貸し手を名宛人とする約束手形を振り出し、貸し手に渡し、約束の期日までに手形代金として返済することを約束することになる。このような手形を金融手形という。なお、手形に関する取引については、次章で詳しく説明する。

(b) 帳簿記録

b－1 手形貸付金の場合

①貸し付けたとき
(借) 手形貸付金　　ⅩⅩⅩ　(貸) ○　○　○　　ⅩⅩⅩ

②回収したとき
(借) ○　○　○　　ⅩⅩⅩ　(貸) 手形貸付金　　ⅩⅩⅩ

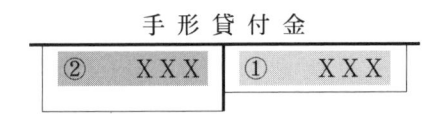

```
            手 形 貸 付 金
         ②   ⅩⅩⅩ │ ①   ⅩⅩⅩ
```

a－2 手形借入金の場合

①借り入れたとき
(借) ○　○　○　　ⅩⅩⅩ　(貸) 手形借入金　　ⅩⅩⅩ

②返済したとき
(借) 手形借入金　　ⅩⅩⅩ　(貸) ○　○　○　　ⅩⅩⅩ

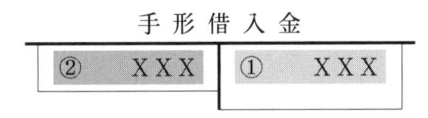

```
            手 形 借 入 金
         ②   ⅩⅩⅩ │ ①   ⅩⅩⅩ
```

例題12－5

次の一連の取引を盛岡商店と仙台商店のそれぞれの立場で仕訳をしなさい。

10月19日　盛岡商店は仙台商店に現金¥100,000を貸し付け、仙台商店振出し、盛岡商店宛の約束手形¥100,000を受け入れた。

12月9日　盛岡商店は仙台商店に対する上記の手形貸付金の返済を受け、利息¥8,000を含めた¥108,000を現金で受け取った。

解 答

盛岡商店

	借方科目	金　額	貸方科目	金　額
10/19	手形貸付金	100,000	現　　金	100,000
12/9	現　　金	108,000	手形貸付金	100,000
			受 取 利 息	8,000

仙台商店

	借方科目	金　額	貸方科目	金　額
10/19	現　　金	100,000	手形借入金	100,000
12/9	手形借入金	100,000	現　　金	108,000
	支 払 利 息	8,000		

例題12－6

次の取引の仕訳をしなさい。

10月20日　福島商店は、取引銀行から¥150,000を借り入れることにし、銀行を名宛人とする約束手形を振り出すとともに、利息¥6,000を差し引いた手取金を当座預金とした。

解 答

	借方科目	金　額	貸方科目	金　額
10/20	当 座 預 金	144,000	手形借入金	150,000
	支 払 利 息	6,000		

4．立替金と預り金

(1) 立替金勘定・預り金勘定

　従業員や取引先が支払うべき金銭を一時的に立替え払いしたときに生じる債権を**立替金**という。したがって、一時的に金銭を立て替えたときは**立替金勘定（資産の勘定）**の借方に記入し、後にその返済を受けたときには、その貸方に記入する。

　また、一時的に金銭を預かった場合に生じる債務を**預り金**という。一時的に金銭を預かった場合には**預り金勘定（負債の勘定）**の貸方に記入し、後にそれを返済したときには、その借方に記入する。

　ただし、従業員に対する立替金・預り金は、企業外部に対するものと区別するために、**従業員立替金勘定・従業員預り金勘定**を用いる場合もある。さらに、従業員が納付すべき所得税、住民税、社会保険料などを、企業が給料から差し引いて預かったとき、これらの預り金はその内容を明確にするために、**所得税預り金勘定・社会保険料預り金勘定**で処理する場合もある。

(2) 帳簿記録

(a) 立替金の場合

①立替金が発生したとき

(借) 立 替 金　　ＸＸＸ　　(貸) ○ ○ ○　　ＸＸＸ

②立替金が返済されたとき

(借) ○ ○ ○　　ＸＸＸ　　(貸) 立 替 金　　ＸＸＸ

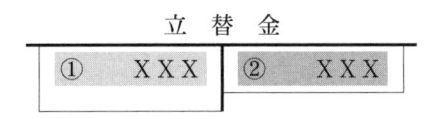

```
            立　替　金
    ①   ＸＸＸ  │  ②   ＸＸＸ
```

(b) 預り金の場合

①預り金が発生したとき

(借) ○ ○ ○　　ＸＸＸ　　(貸) 預 り 金　　ＸＸＸ

②預り金を支払ったとき

(借) 預 り 金　　ＸＸＸ　　(貸) ○ ○ ○　　ＸＸＸ

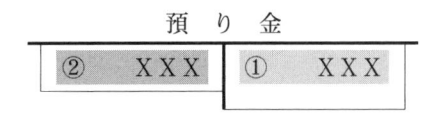

```
            預　り　金
    ②   ＸＸＸ  │  ①   ＸＸＸ
```

例題12－7

次の一連の取引の仕訳をしなさい。

10月15日　従業員の自動車購入代金の一部¥100,000を現金で立て替えた。

10月25日　従業員に給料総額¥3,500,000を支給するに際し、立て替えていた¥100,000、所得税の源泉徴収額¥450,000および社会保険料¥700,000を差し引き、現金で支払った。

10月31日　上記の預り金のうち所得税の源泉徴収額¥450,000を現金で税務署に納付した。

11月1日　上記の従業員負担分の社会保険料¥700,000を現金で支払った。

解　答

	借方科目	金　額	貸方科目	金　額
10／15	従業員立替金	100,000	現　　　金	100,000
25	給　　　料	3,500,000	従業員立替金	100,000
			所得税預り金	450,000
			社会保険料預り金	700,000
			現　　　金	2,250,000
31	所得税預り金	450,000	現　　　金	450,000
11／1	社会保険料預り金	700,000	現　　　金	700,000

5．仮払金と仮受金

(1) 仮払金勘定・仮受金勘定

　金銭の支出や収入はあったが、その内容（それを処理する勘定科目）や金額を確定することができない場合は、**仮払金勘定**（資産の勘定）または**仮受金勘定**（負債の勘定）を用いる。例えば、従業員の出張に際し、事前に旅費の金額が確定できない場合には、その支払額を一時的に仮払金勘定の借方に記入する。また、出張先から従業員が内容不明の当座振込みを行った場合には、その振込額を仮受金勘定の貸方に記入する。そして、これらの勘定は後日、その内容または金額が確定した際に、該当勘定へ振り替えることになる。

(2) 帳簿記録

(a) 仮払金の場合

①仮払いをしたとき

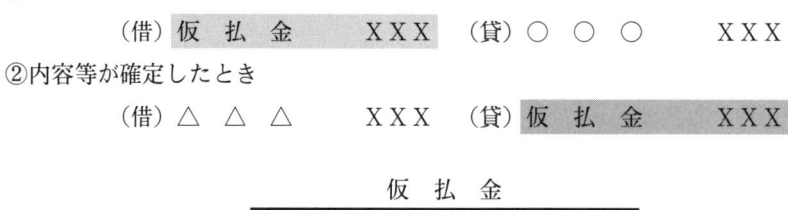

　　　（借）仮　払　金　　ＸＸＸ　　（貸）○　○　○　　ＸＸＸ

②内容等が確定したとき

　　　（借）△　△　△　　ＸＸＸ　　（貸）仮　払　金　　ＸＸＸ

```
            仮　払　金
       ① ＸＸＸ  │ ② ＸＸＸ
```

(b) 仮受金の場合

①仮受があったとき

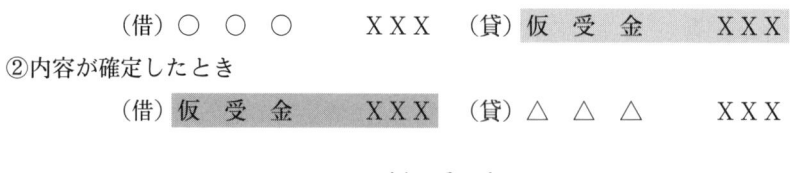

　　　（借）○　○　○　　ＸＸＸ　　（貸）仮　受　金　　ＸＸＸ

②内容が確定したとき

　　　（借）仮　受　金　　ＸＸＸ　　（貸）△　△　△　　ＸＸＸ

```
            仮　受　金
       ② ＸＸＸ  │ ① ＸＸＸ
```

例題12－8

次の一連の取引の仕訳をしなさい。

11月10日　従業員の出張にあたり、旅費の概算額￥150,000を現金で渡した。

　　12日　出張中の従業員から現金￥100,000の送金があったが、その内容は不明である。

　　15日　従業員が出張から帰り、上記の送金額は札幌商店に対する売掛金の回収分であることが判明した。

16日　旅費を精算し、残金¥13,000があり、現金で返済を受けた。

解　答

	借方科目	金　額	貸方科目	金　額
11／10	仮　払　金	150,000	現　　　金	150,000
12	現　　　金	100,000	仮　受　金	100,000
15	仮　受　金	100,000	売　掛　金	100,000
16	旅　　　費	137,000	仮　払　金	150,000
	現　　　金	13,000		

6．商品券

(1) 商品券勘定

　デパートや旅行代理店などが商品券を発行したときには、将来その商品券と引換に商品を引き渡すという債務が生じる。この債務が発生したときは、**商品券勘定**（負債の勘定）の貸方に記入する。そして、商品券と引換えに商品を引き渡したときに商品券勘定から売上勘定に振り替える。

　また、加盟店に属している場合には、他店発行の商品券を売上代金等として受け取る場合がある。それは他店に対する債権を意味するので、その発生は**他店商品券勘定**（資産の勘定）の借方に記入する。そして後日、他店から債権を回収したときに他店商品券勘定から、受け入れた資産等の勘定に振り替えることになる。

(2) 帳簿記録

(a) 商品券の場合

①商品券を発行したとき

　　（借）（現金預金）　　ＸＸＸ　（貸）商　品　券　　ＸＸＸ

②商品を販売したとき

　　（借）商　品　券　ＸＸＸ　（貸）売　　　上　　ＸＸＸ

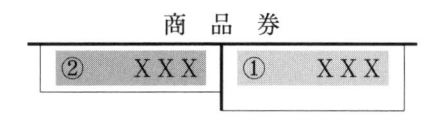

```
             商　品　券
         ② ＸＸＸ  │ ① ＸＸＸ
```

(b) 他店商品券の場合

①他店商品券を受け取ったとき

　　（借）他店商品券　　ＸＸＸ　（貸）売　　　上　　ＸＸＸ

②他店商品券を決済したとき
　　（借）（商品券）　　ＸＸＸ　　（貸）他店商品券　　ＸＸＸ
　　　　（現金預金）　　ＸＸＸ
　※ここでは他店商品券の金額が、商品券の金額より大きかったと仮定している。

他店商品券

| ② ＸＸＸ | ① ＸＸＸ |

例題12－9

次の一連の取引の仕訳をしなさい。

12月15日　弘前デパートは、商品券￥70,000を発行し、代金は現金で受け取った。

24日　弘前デパートは商品券￥30,000と引換に商品￥47,000を売り上げ、差額は現金で受け取った。

25日　弘前デパートは商品￥20,000を売り上げ、代金は加盟店の千葉商店が発行した商品券で受け取った。

30日　上記の他店商品券を加盟店本部に持参し、精算を行った。なお、千葉商店からは当店発行の商品券￥15,000を受け取り、差額は現金で受け取った。

解　答

	借方科目	金　額	貸方科目	金　額
12／15	現　　　金	70,000	商　品　券	70,000
24	商　品　券	30,000	売　　　上	47,000
	現　　　金	17,000		
25	他店商品券	20,000	売　　　上	20,000
30	商　品　券	15,000	他店商品券	20,000
	現　　　金	5,000		

【練習問題】

次の取引の仕訳をしなさい。

1．東京商店は、1ヶ月前に高知商店から注文を受けていた商品￥500,000を本日発送した。注文を受けたときに内金￥50,000を受け取っている。残りの商品代金は今月末に支払われる予定である。なお、先方負担の発送運賃￥7,000を現金にて立替え払いした。

2．松山商店は、かねて福岡商店に注文しておいた商品￥600,000を本日受け取った。松山商店は同商品を注文した際に手付金として￥100,000を現金で支払っており、代金の残額は来月に支払うこととした。

3．徳島商店は、不要の材料くずを￥150,000で売却し、代金は月末に受け取ることにした。

4．上記3．の徳島商店は、月末になって未決済金額¥150,000を現金で受け取った。
5．愛媛商店は、先月買い入れた事務用コンピュータの代金¥250,000を、本日、現金で支払った。
6．神戸商店は、鹿児島商店に対して、期間3ヶ月、利率年3％で貸し付けた¥1,000,000を満期日に利息とともに現金で受け取った。
7．横浜銀行から¥5,000,000を借り入れ、借用証書を差し入れた。なお、利息¥75,000を差し引かれた手取金は当座預金とした。
8．滋賀商店は京都商店に現金¥300,000を貸し付ける際に、京都商店振り出し、滋賀商店宛の約束手形¥300,000を受け入れた。
9．和歌山商店は東京商店に商品¥100,000を掛け売りで発送した。発送に際して、和歌山商店は東京商店負担の発送運賃および保険料¥6,000を立替え払いした。
10．従業員に対し、給料総額¥2,960,000につき、所得税の源泉徴収分¥560,000と従業員への立替金¥130,000を差し引き、手取金を現金で支払った。
11．営業社員の出張にあたり、旅費の概算額¥50,000を現金で支払った。
12．上記11．の営業社員が出張から戻り、旅費を精算したところ、前渡した額が少なく、不足分¥15,000を現金で渡した。
13．仙台デパートは、商品券¥70,000を発行して、代金は現金で受け取った。
14．上記13．の仙台デパートは、商品¥30,000を売り渡し、代金のうち¥20,000は仙台デパート発行の商品券を受け取り、残額は現金で受け取った。
15．仙台デパートは、商品¥50,000を売り渡し、その代金としてデパート連盟に加盟している福島デパート発行の商品券を受け取った。
16．商品券の精算をし、仙台デパート保有他店商品券¥50,000と他店保有の仙台デパート商品券¥36,000とを交換して差額を現金で支払った。

第13章　手形取引の記帳

　ここでも、第11章・第12章に引き続いて商品売買時に伴う代金決済方法について学習する。これまでに、売掛金、買掛金、未収金および未払金等について学んだが、本章では手形による代金決済方法について学習する。

1．手形の種類

　商品の仕入代金を支払ったり、売上代金を回収するための手段として、現金や小切手などのほか手形が用いられる。手形には約束手形と為替手形がある。

2．約束手形の記帳

　約束手形は、手形の振出人（手形作成者）が名あて人（受取人）に対して、一定期日に手形金額を支払うことを約束する証券である。
　約束手形を振り出したとき、振出人は、支払期日に手形金額を支払う義務（**手形債務**）を負い、約束手形を受け取ったとき、名あて人（受取人）は、期日に手形金額を受け取る権利（**手形債権**）を得る。

(1) 約束手形の名あて人（受取人）

　約束手形を受け取ったとき、手形債権が発生するから、受取手形勘定の借方に記入する。期日に、手形金額を受け取ったときは、手形債権が消滅するから、受取手形勘定の貸方に記入する。

(2) 約束手形の振出人（支払人）

　約束手形を振り出したとき、手形債務が発生するから、支払手形勘定の貸方に記入する。期日に、手形金額を支払ったとき、手形債務が消滅するから、支払手形勘定の借方に記入する。

(借方) 受　取　手　形 (貸方)	(借方) 支　払　手　形 (貸方)
手形債権の発生 ①約束手形の受け取り	**手形債権の消滅** ②手形金額の受け取り	**手形債務の消滅** ②手形金額の支払い	**手形債務の発生** ①約束手形の振り出し
	残　高	残　高	

例題13-1

次の約束手形に関する取引の仕訳をしなさい。

10月1日　福岡商店は、博多商店から商品￥230,000を仕入れ、代金は博多商店あて約束手形＃7￥230,000（振出日10月1日、支払期日11月30日、支払場所　博多銀行大橋支店）を振り出して支払った。

　　　　なお、福岡商店と博多商店、それぞれの立場で仕訳を行うこと。

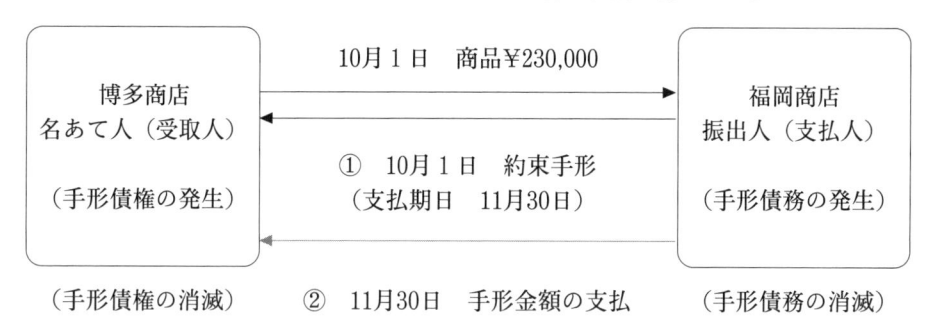

```
┌──────────────┐   10月1日　商品￥230,000   ┌──────────────┐
│  博多商店    │ ←──────────────────────→ │  福岡商店    │
│ 名あて人(受取人) │                           │ 振出人(支払人) │
│ (手形債権の発生) │  ① 10月1日　約束手形      │ (手形債務の発生) │
│              │    (支払期日 11月30日)    │              │
└──────────────┘ ←─────────────────────── └──────────────┘
(手形債権の消滅)   ② 11月30日 手形金額の支払   (手形債務の消滅)
```

① 博多商店　名あて人（受取人）の仕訳
　　　10／1　　（借）受取手形　　230,000　　（貸）売　　上　　230000
　　　　　　　　　　　（手形債権の発生）

① 福岡商店　振出人（支払人）の仕訳
　　　10／1　　（借）仕　　入　　230,000　　（貸）支払手形　　230,000
　　　　　　　　　　　　　　　　　　　　　　　　　　（手形債務の発生）

② 11月30日　福岡商店は、博多商店あての約束手形＃7￥230,000を、期日に当店の当座預金から支払ったむね、取引銀行から通知を受けた。

　　　　　　（借）支払手形　　230,000　　（貸）当座預金　　230,000
　　　　　　　　　（手形債務の消滅）　　（取引銀行の当座預金から支払いがなされる。）

③ 11月30日　博多商店は、かねて取り立てを依頼しておいた福岡商店振り出しの約束手形＃7￥230,000が、期日に当店の当座預金に入金したむね、取引銀行から通知を受けた。

　　　　　　（借）当座預金　　230,000　　（貸）受取手形　　230,000
　　　　　　　　　　　　　　　　　　　　　　　　　（手形債権の消滅）
（手形金額の取り立てを取引銀行に依頼し、当座預金に入金される。）

3．為替手形の記帳

為替手形は、振出人が名あて人（引受人・支払人）に対して一定の期日に手形金額を、受取人に支払うよう依頼する証券である。

為替手形は、**振出人**（名あて人に売掛金などの債権がある）が、**名あて人**（振出人に買掛金などの債務がある）に手形金額の支払いを引き受けてもらうため、あなたに対する売掛金の支払いを免除をしますから私が振り出す**為替手形**の支払いを引き受けてくれませんかと手形を呈示して、引受欄に記名・押印してもらうことに特徴がある。

(1) 為替手形の振出人（手形作成者）

振出人は手形債権も手形債務も生じないので、受取手形勘定や支払手形勘定には記入しない。しかし名あて人に対する売掛金などの債権が消滅する。

(2) 為替手形の名あて人（引受人・支払人）

為替手形の引き受けを承諾したとき、手形債務が発生するから、支払手形勘定の貸方に記入する。支払期日に、手形金額を支払ったとき、手形債務が消滅するから、支払手形勘定の借方に記入する。

(3) 為替手形の受取人

為替手形を受け取ったとき、手形債権が発生するから、受取手形勘定の借方に記入する。支払期日に、手形金額を受け取ったときは、手形債務が消滅するから、受取手形勘定の貸方に記入する。

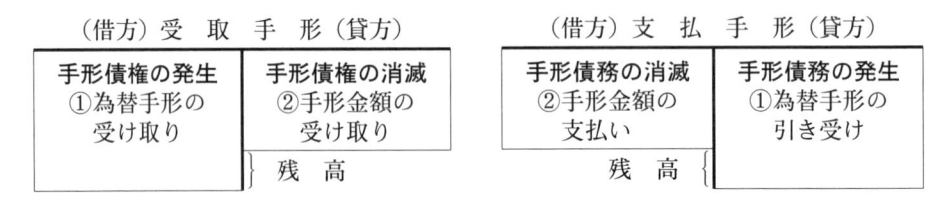

（借方）受 取 手 形（貸方）	（借方）支 払 手 形（貸方）
手形債権の発生 ①為替手形の受け取り	手形債権の消滅 ②手形金額の受け取り
残 高	残 高

| 手形債務の消滅
②手形金額の支払い | 手形債務の発生
①為替手形の引き受け |

例題13-2

次の為替手形に関する取引の仕訳をしなさい。

11月5日　北九州商店は、大分商店から商品￥270,000を仕入れ、その代金の支払いのために、売掛金のある得意先八幡商店あてに為替手形♯3￥270,000（振出日11月5日、支払期日12月20日、支払場所　北九銀行小倉支店）を振り出し、八幡商店の引き受けを得て、大分商店に渡した。

なお、北九州商店、八幡商店および大分商店の立場で仕訳を行うこと。

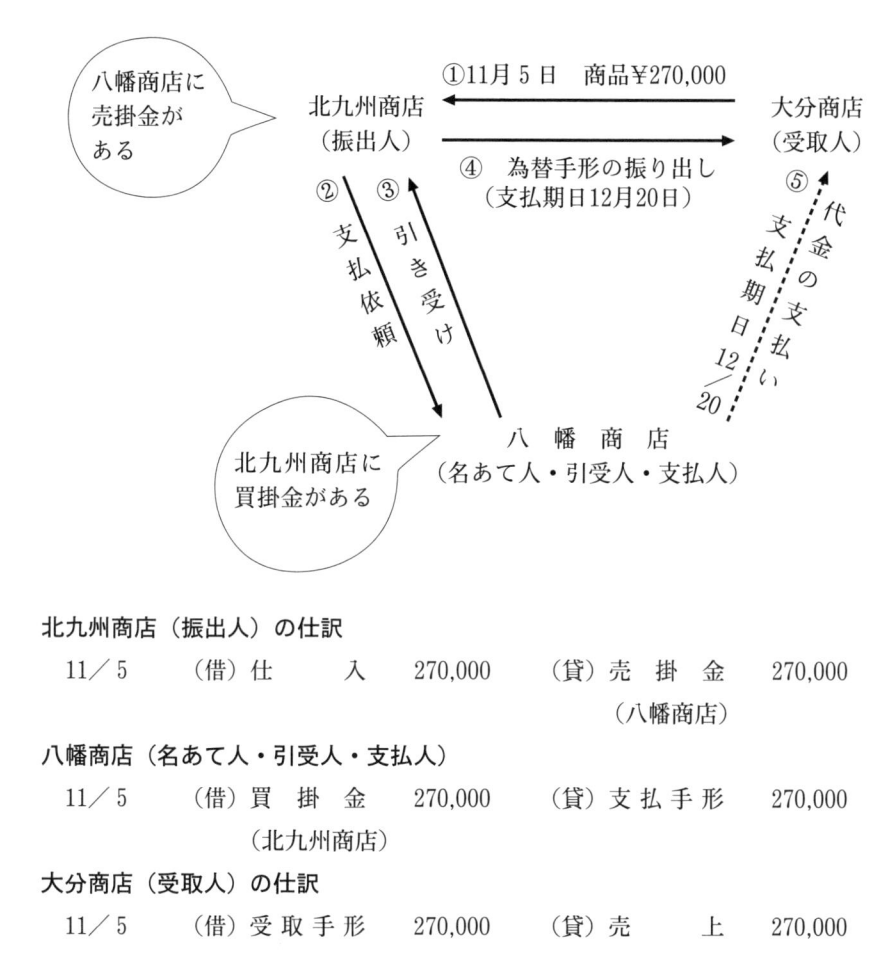

```
        ①11月5日　商品￥270,000
八幡商店に      北九州商店　←──────────　大分商店
売掛金が        （振出人）　──────────→　（受取人）
ある                     ④　為替手形の振り出し
              ②↓↑③       （支払期日12月20日）        ⑤代金の支払い
              支  引                                    支払期日
              払  き                                    12/20
              依  受
              頼  け
                    ↓
                 八　幡　商　店
              （名あて人・引受人・支払人）
北九州商店に
買掛金がある
```

北九州商店（振出人）の仕訳
　11／5　　（借）仕　　　　入　　270,000　　（貸）売　掛　金　　270,000
　　　　　　　　　　　　　　　　　　　　　　　　　　（八幡商店）

八幡商店（名あて人・引受人・支払人）
　11／5　　（借）買　掛　金　　270,000　　（貸）支　払　手　形　270,000
　　　　　　　　　（北九州商店）

大分商店（受取人）の仕訳
　11／5　　（借）受　取　手　形　270,000　　（貸）売　　　　上　270,000

12月20日　八幡商店は、さきに引き受けをした北九州商店振り出し、大分商店受け取りの為替
　　　　　＃3￥270,000が、期日に当座預金から支払われたむね、取引銀行から通知を受けた。
　　　　　（借）支　払　手　形　270,000　　（貸）当　座　預　金　270,000

12月20日　大分商店は、かねて取り立てを依頼していた北九州商店振り出しの為替手形＃3
　　　　　￥270,000が期日に当座預金に入金したむね、取引銀行から通知を受けた。
　　　　　（借）当　座　預　金　270,000　　（貸）受　取　手　形　270,000

4．手形の裏書と割引

　約束手形や為替手形の所持人は、商品代金の支払いにあてるため、その手形を支払期日前に、他人に譲り渡すことが出来る。この場合、手形の裏面に必要な事項を記名・押印をする。これを**手形の裏書譲渡**という。

手形所持人が手形を裏書譲渡（裏書人）したときは、相手方に手形債権を譲渡したことになり、手形債権が相手方に移転するから、その手形金額を受取手形勘定の貸方に記入する。なお、手形を裏書譲渡されたとき（被裏書人）は、手形債権が発生するから、その手形金額を受取手形勘定の借方に記入する。

例題13－3
次の手形の裏書きに関する取引の仕訳をしなさい。
11月10日　佐賀商店は、福岡商店から商品¥180,000を仕入れ、代金のうち¥100,000については、得意先太宰府商店から受け取っていた約束手形＃6（振出日10月30日、支払期日12月5日、支払場所　大和銀行大川支店）を裏書譲渡し、残額は掛けとした。
　　　　　なお、佐賀商店と福岡商店、それぞれの立場で仕訳を行うこと。

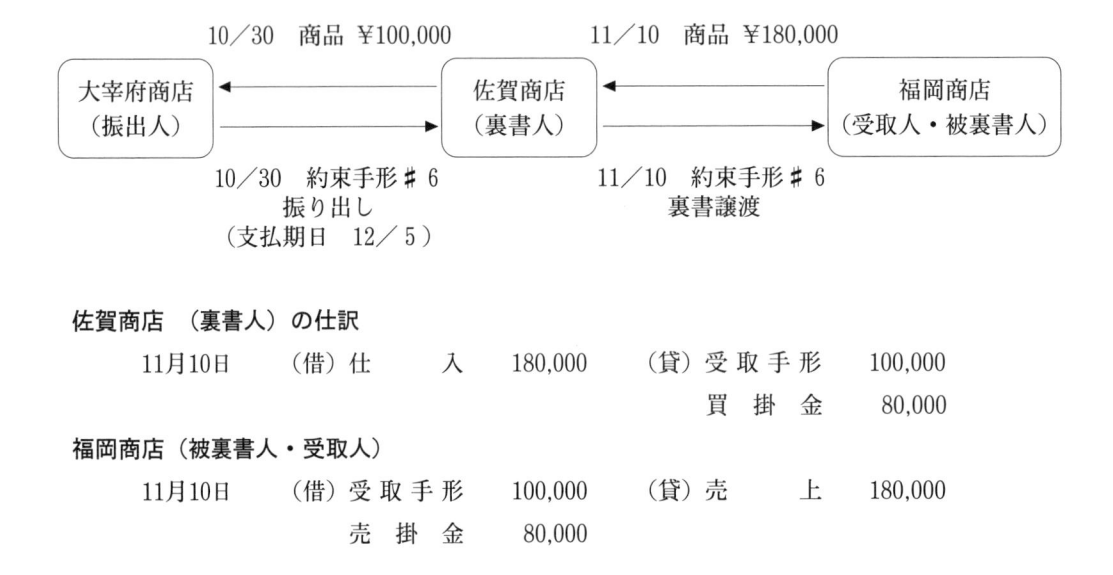

```
        10/30　商品 ¥100,000           11/10　商品 ¥180,000
┌─────────┐        ┌─────────┐        ┌─────────┐
│ 大宰府商店 │ ←──── │  佐賀商店  │ ←──── │  福岡商店  │
│ （振出人） │ ────→ │ （裏書人） │ ────→ │(受取人・被裏書人)│
└─────────┘        └─────────┘        └─────────┘
     10/30　約束手形＃6              11/10　約束手形＃6
          振り出し                         裏書譲渡
       （支払期日 12/5）
```

佐賀商店（裏書人）の仕訳

11月10日　（借）仕　　　入　　180,000　　（貸）受 取 手 形　　100,000
　　　　　　　　　　　　　　　　　　　　　　　　買　掛　金　　 80,000

福岡商店（被裏書人・受取人）

11月10日　（借）受 取 手 形　　100,000　　（貸）売　　　上　　180,000
　　　　　　　　売　掛　金　　 80,000

　また、手形の所持人は、支払期日前に資金を必要とする場合、当該手形を取引銀行に支払期日前に裏書譲渡して資金を調達することができる。これを**手形の割引**という。
　この場合、割引日から支払期日（満期日）までの利息を差し引いた額を手取金として、ふつう取引銀行の当座預金に入金される。この手形金額から差し引かれる利息を手形売却損といい、手形売却損勘定（費用の勘定）の借方に記入する。

例題13－4
次の手形割引に関する取引の仕訳をしなさい。
11月30日　八幡商店は、さきに商品の売上代金として受け取っていた、折尾商店振り出しの約束手形＃8 ¥250,000（振出日11月20日、支払期日12月30日、支払場所　玄海銀行八幡支店）を取引銀行に売却し、割引料を差し引かれ、手取金¥248,450は当座預金に預

け入れた。この手形の割引率は年7.3%である。

割引料の計算

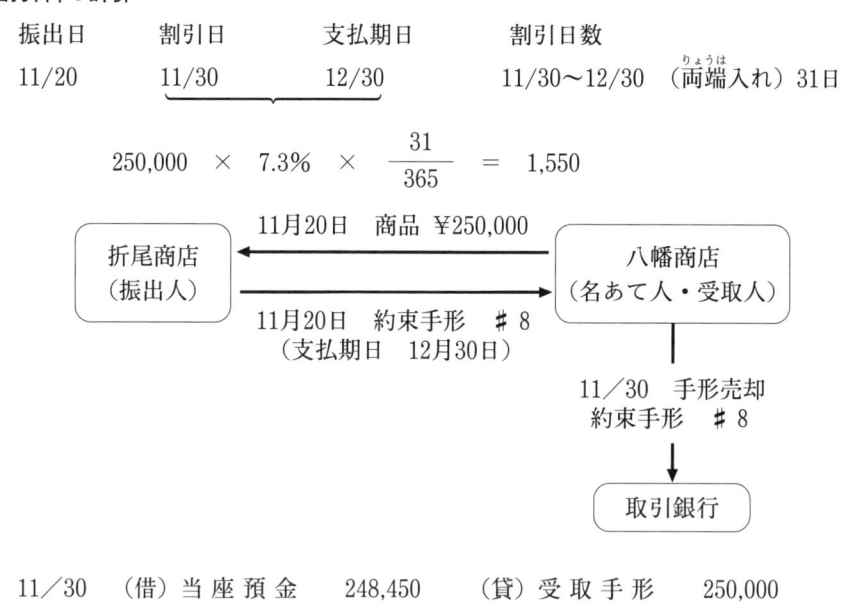

振出日	割引日	支払期日	割引日数
11/20	11/30	12/30	11/30〜12/30（両端入れ）31日

$$250,000 \times 7.3\% \times \frac{31}{365} = 1,550$$

```
┌─────────┐  11月20日 商品 ¥250,000  ┌─────────┐
│ 折尾商店 │◄─────────────────────────│ 八幡商店 │
│ (振出人) │                          │(名あて人・受取人)│
└─────────┘─────────────────────────►└─────────┘
          11月20日 約束手形 #8              │
           (支払期日 12月30日)              │
                                  11/30 手形売却
                                  約束手形 #8
                                           ▼
                                      ┌─────────┐
                                      │ 取引銀行 │
                                      └─────────┘
```

11/30 （借）当座預金　248,450　（貸）受取手形　250,000
　　　　　手形売却損　　1,550

＊勘定記入のまとめ

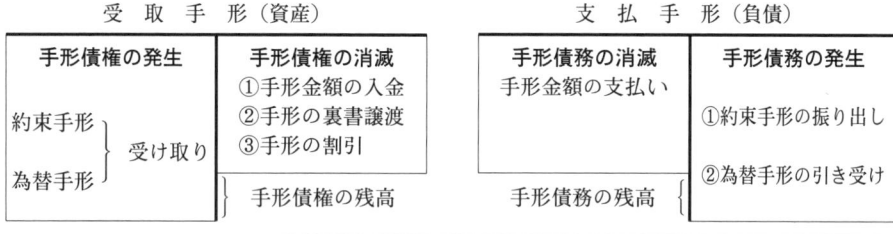

受　取　手　形（資産）

手形債権の発生	手形債権の消滅
約束手形 ┐ 受け取り 為替手形 ┘	①手形金額の入金 ②手形の裏書譲渡 ③手形の割引
	手形債権の残高

支　払　手　形（負債）

手形債務の消滅	手形債務の発生
手形金額の支払い	①約束手形の振り出し ②為替手形の引き受け
手形債務の残高	

＊　自己受為替手形の振り出し
　自分の店を受取人とする為替手形を振り出す場合であり、当店に手形代金を受け取る権利が発生する。
（仕　訳）
（借）受取手形　×××　（貸）売　　上　×××
　　　　　　　　　　　　　　（売掛金）

＊　自己宛為替手形の振り出し
　自分の店あてに振り出す為替手形である。当店が**名あて人・引受人**であり**支払人**となる。
（仕　訳）
（借）仕　　入　×××　（貸）支払手形　×××
　　　（買掛金）

5．受取手形記入帳と支払手形記入帳

手形債権および手形債務の明細を明らかにするために、受取手形勘定・支払手形勘定の補助簿として受取手形記入帳・支払手形記入帳を用いる。

(1) 受取手形記入帳

例題13－5

次の取引の仕訳をし、受取手形記入帳に記入しなさい。

11月1日　佐賀商店に商品¥130,000を売り上げ、同店振り出しの約束手形#5を受け取った（振出日11月1日、支払期日11月30日、支払場所　多久銀行）。

　　6日　長崎商店に対する売掛金¥150,000の回収として、同店振り出し、大村商店引き受けの為替手形#13を受け取った（振出日11月6日、支払期日12月5日、支払場所　西都銀行）。

　　17日　長崎商店に買掛金支払のため、11月6日に受け取った為替手形#13 ¥150,000を裏書譲渡した。

　　23日　大分商店に商品¥200,000を売り上げ、代金は宮崎商店振り出し大分商店受け取りの約束手形#18 ¥200,000を裏書譲渡された（振出日11月10日、支払期日12月30日、支払場所　宮崎銀行）。

　　30日　かねて取り立てを依頼していた佐賀商店振り出しの約束手形#5 ¥130,000が期日に当座預金に入金したむね、取引銀行から通知を受けた。

解　答

	借方科目	金　額	貸方科目	金　額
11／1	受 取 手 形	130,000	売　　　上	130,000
／6	受 取 手 形	150,000	売 掛 金	150,000
／17	買 掛 金	150,000	受 取 手 形	150,000
／23	受 取 手 形	200,000	売　　　上	200,000
／30	当 座 預 金	130,000	受 取 手 形	130,000

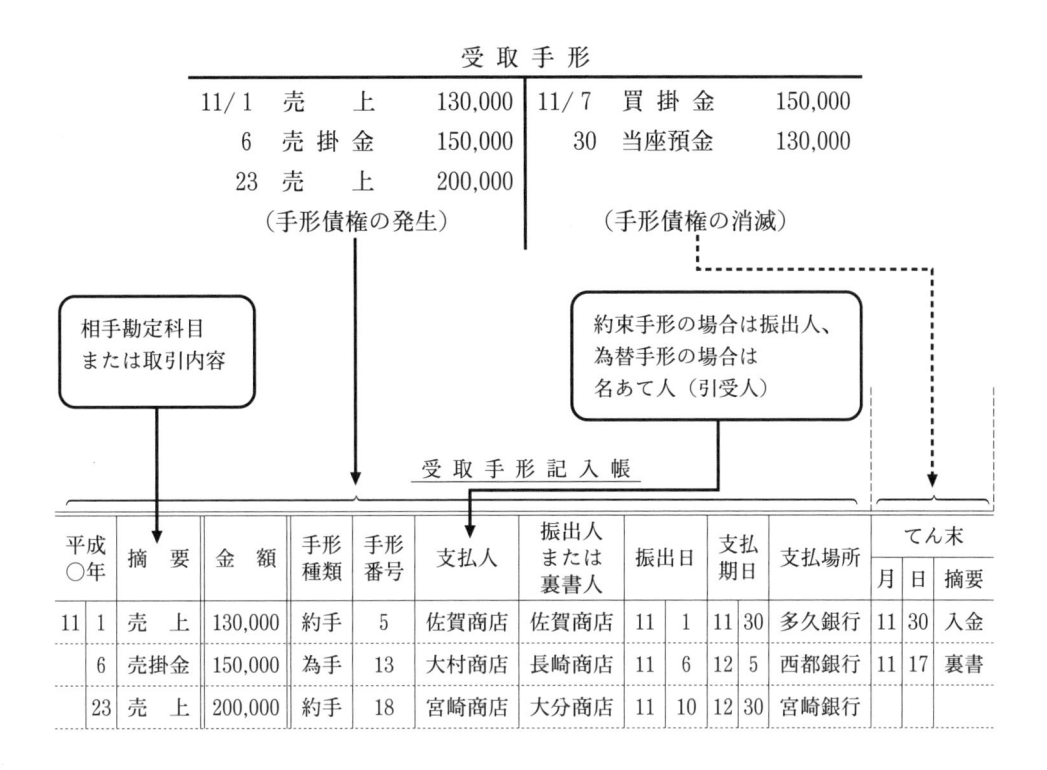

```
                        受 取 手 形
        11/1  売      上    130,000  │  11/7  買 掛 金    150,000
            6  売 掛 金    150,000  │   30  当座預金    130,000
           23  売      上    200,000  │
              （手形債権の発生）         （手形債権の消滅）
```

相手勘定科目または取引内容

約束手形の場合は振出人、為替手形の場合は名あて人（引受人）

受取手形記入帳

平成○年		摘要	金額	手形種類	手形番号	支払人	振出人または裏書人	振出日		支払期日		支払場所	てん末	
													月日	摘要
11	1	売　上	130,000	約手	5	佐賀商店	佐賀商店	11	1	11	30	多久銀行	11/30	入金
	6	売掛金	150,000	為手	13	大村商店	長崎商店	11	6	12	5	西都銀行	11/17	裏書
	23	売　上	200,000	約手	18	宮崎商店	大分商店	11	10	12	30	宮崎銀行		

（2）支払手形記入帳

例題13－6

次の取引の仕訳をし、支払手形記入帳に記入しなさい。

10月7日　福岡商店から商品￥300,000を仕入れ、代金は同店あての約束手形＃10（振出日10月7日、支払期日11月7日、支払場所　博多銀行）を振り出して支払った。

　　15日　かねて買掛金￥180,000のある八幡商店から、同店振り出し、戸畑商店受け取り、当店あて為替手形＃15（振出日10月15日、支払期日11月15日、支払場所　博多銀行）を呈示され、引き受けをした。

　　30日　9月30日仕入代金￥240,000として、唐津商店あてに振り出していた約束手形＃9が期日に、当店の当座預金から支払われたむね、取引銀行から通知を受けた。

解　答

	借方科目	金額	貸方科目	金額
10/7	仕　入	300,000	支払手形	300,000
／15	買　掛　金	180,000	支払手形	180,000
／30	支払手形	240,000	当座預金	240,000

```
                        支 払 手 形
  10/30  当座預金   240,000 │ 10/ 7  仕 入    300,000
                            │    15  買掛金   180,000
        （手形債務の消滅）        （手形債務の発生）
```

支 払 手 形 記 入 帳

（相手勘定科目または取引内容を記入）

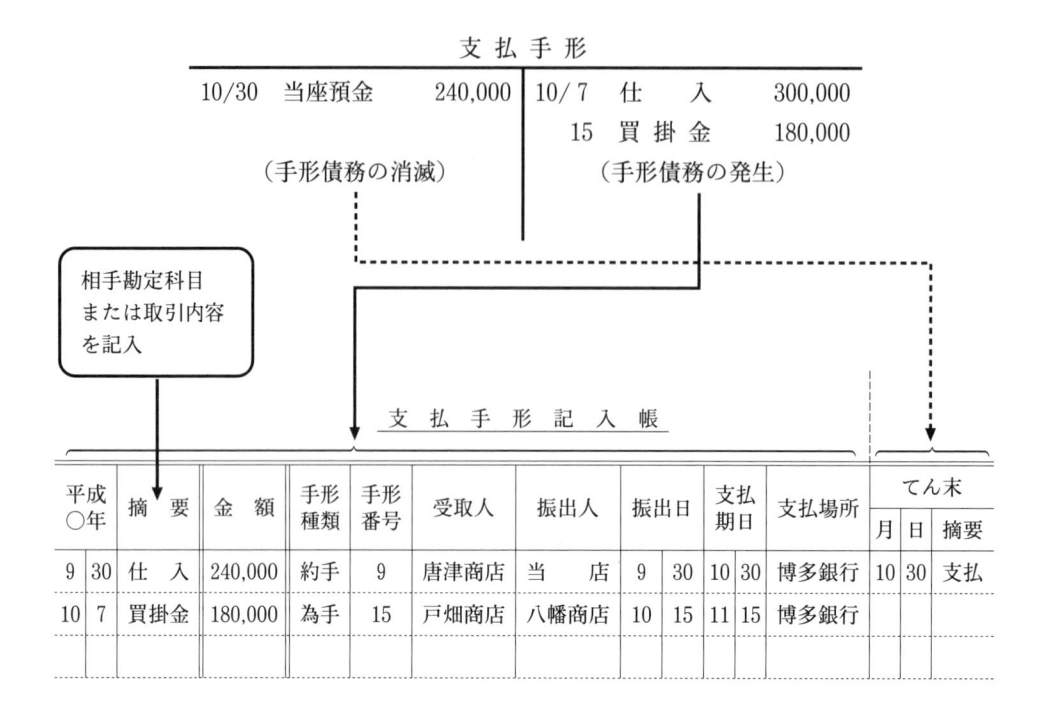

平成○年		摘要	金額	手形種類	手形番号	受取人	振出人	振出日		支払期日		支払場所	てん末		
													月	日	摘要
9	30	仕入	240,000	約手	9	唐津商店	当店	9	30	10	30	博多銀行	10	30	支払
10	7	買掛金	180,000	為手	15	戸畑商店	八幡商店	10	15	11	15	博多銀行			

【練習問題】

1．次の取引の仕訳をしなさい。

（1）西新商店に商品￥280,000を売り渡し、代金として同店振り出し、当店あての約束手形を受け取った。

（2）大濠商店から商品￥340,000を仕入れ、代金として同店あての約束手形を振りして支払った。

（3）吉塚商店から商品￥190,000を仕入れ、代金のうち￥150,000は、さきに香椎商店から受け取っていた約束手形を裏書譲渡し、残額は小切手を振り出して支払った。

（4）かねて二日市商店から受け取っていた約束手形￥560,000を取引銀行で割り引き、割引料￥3,700を差し引かれ、手取金は当座預金とした。

（5）薬院商店に商品￥400,000を売り渡し、代金のうち￥250,000は同店振り出し、大橋商店あて（引受済み）の為替手形を受け取り、残額は掛けとした。

（6）買掛金のある春日商店から、同店振り出し、当店あて久留米商店受け取りの為替手形￥310,000の呈示があったので、引受欄に記名・押印をした。

（7）さきに、柳川商店あてに振り出した約束手形￥470,000が本日満期をむかえ、当店の当座預金から支払われた旨を取引銀行から通知があった。

（8）かねて取り立てを依頼しておいた太宰府商店振り出しの為替手形￥180,000が期日に当座預金に入金したむね、取引銀行から通知を受けた。

2．次の一連の取引の仕訳を示し、受取手形記入帳と支払手形記入帳に記入しなさい。

9月1日　伊田商店に商品¥400,000を売り渡し、代金は同店振り出しの約束手形＃10（振出日9月1日、支払期日10月8日、支払場所　福岡銀行伊田支店）で受け取った。

7日　後藤寺商店に対する売掛金¥160,000を同店振り出し、糸田商店あて（引き受け済み）の為替手形＃6（振出日9月7日、支払期日10月15日、支払場所　博多銀行糸田支店）で受け取った。

8日　若松商店から商品¥340,000を仕入れ、代金は同店あての約束手形＃15（振出日9月8日、支払期日10月25日、支払場所　北九州銀行小倉支店）を振り出して支払った。

10日　門司商店から商品¥260,000を仕入れ、代金のうち¥160,000は、かねて後藤寺商店から受け取った為替手形＃6を裏書譲渡し、残額は小切手を振り出して支払った。

16日　かねて買掛金¥270,000がある山口商店から、同店振り出し福岡商店受け取りの為替手形＃19（振出日9月16日、支払期日11月6日、支払場所　北九州銀行本店）を呈示され、引き受けた。

20日　川崎商店に商品¥320,000を売り渡し、代金は添田商店振り出し川崎商店受け取りの約束手形＃23（振出日9月5日、支払期日10月20日、支払場所　田川銀行本店）を裏書譲り受けた。

28日　川崎商店から受け取った約束手形＃23¥320,000を取引銀行で割り引き、割引料を差し引かれ、手取金¥317,700は当座預金に預け入れた。

10月8日　かねて取り立てを依頼していた伊田商店振り出しの約束手形＃10¥400,000が期日に当座預金に入金したむね、取引銀行から通知を受けた。

25日　若松商店に振り出した約束手形＃15¥340,000が期日になり、当店の当座預金から支払われたむね、取引銀行から通知を受けた。

* **手形債権の基本的な会計処理のまとめ**

　手形債権の発生　　　　　　　（借）受 取 手 形×××（貸）売　　　　　上×××
　　　　　　　　　　　　　　　　　　＊約手・為手受取　　　（売 掛 金）
　手形債権の消滅　①　回収　　（借）当 座 預 金×××（貸）受 取 手 形×××→支払人へ
　　　　　　　②裏書譲渡　　　　（借）仕　　　　入×××（貸）受 取 手 形×××→仕入先へ
　　　＊仕入・買掛代金の支払い　　　（買 掛 金）
　　　　　　　③手形割引　　　　（借）当 座 預 金×××（貸）受 取 手 形×××→銀行へ
　　　＊資金調達として　　　　　　　手形売却損×××

* **手形債務の基本的な会計処理のまとめ**

　手形債務の発生　　　　　　　（借）仕　　　　入×××（貸）支 払 手 形×××
　　　　　　　　　　　　　　　　　（買 掛 金）　　　　　　＊約手振出・為手引受
　手形債務の消滅　①支払　　　（借）支 払 手 形×××（貸）当 座 預 金×××

第14章　有価証券取引の記帳

　ここでは、**有価証券**という金融商品の売買および評価について学習する。有価証券とは、一般に株式、社債、国債、地方債などの金融商品をいう。企業に資金的余裕があるとき、配当金もしくは利殖、あるいは値上がりによる利益を目的に、または企業提携や企業支配を目的に、他の組織が発行・流通している有価証券を取得・保有する場合がある。企業が保有する有価証券はさらにその保有目的によって、いくつかに分かれるが、本書では売買を目的として保有する有価証券に焦点を当てる。

1．有価証券の買い入れ

(1) 有価証券の取得原価と記入

　有価証券を買い入れたときは、その購入代価に付随費用（証券会社に対する手数料など）を加算した**取得原価**を**有価証券勘定**（資産の勘定）の借方に記入する。もし有価証券の買い入れが、時価の変動により利益を得ることを目的（売買目的）とする場合は、その増減は**売買目的有価証券勘定**を用いる。

(2) 帳簿記録
　①売買目的で有価証券を購入したとき

　　　（借）売買目的有価証券　　　ＸＸＸ　　　（貸）○　○　○　　　ＸＸＸ

```
            売買目的有価証券
        ①     ＸＸＸ  │
```

例題14－1
次の取引の仕訳をしなさい。
11月5日　新潟商店は売買目的で東京電気の株式1,000株を1株￥1,700で買い入れ、買入手数料￥4,000とともに小切手を振り出して支払った。
　　6日　盛岡商店は大阪商事株式会社の社債（額面￥500,000）を、売買目的で額面￥100につき￥97で購入し、買入手数料￥3,500とともに現金で支払った。

解答

	借方科目	金額	貸方科目	金額
11／5	売買目的有価証券	1,704,000 ※1	当座預金	1,704,000
／6	売買目的有価証券	488,500 ※2	現　　金	488,500

※1　1,000株×@¥1,700＋¥4,000＝¥1,704,000

※2　$500,000 \times \dfrac{@¥97}{@¥100} + ¥3,500 = ¥488,500$

2．有価証券の売却

売買目的で保有している有価証券を売却したときは、売買目的有価証券勘定の貸方に簿価で記入する。そして、この簿価と売価との差額を**有価証券売却益勘定**（収益の勘定）または**有価証券売却損勘定**（費用の勘定）に記入する。売価が帳簿価額より高い場合は有価証券売却益勘定の貸方、売価が帳簿価額より低い場合は有価証券売却損勘定の借方に記入する。

(1) 売買目的有価証券の帳簿記録

(a) 売却時の処理①

①売価が簿価より高いとき（売価＞簿価）

（借）○ ○ ○　　　×××　　（貸）売買目的有価証券　　×××
　　　　　　　　　　　　　　　　　有価証券売却益　　　　××

売買目的有価証券		有価証券売却益
×××	① ×××	① ×××

(b) 売却時の処理②

②売価が簿価より低いとき（売価＜簿価）

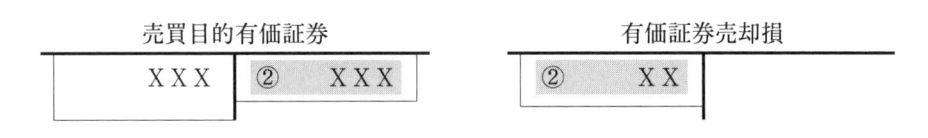

（借）○ ○ ○　　　×××　　（貸）売買目的有価証券　　×××
　　　有価証券売却損　××

売買目的有価証券		有価証券売却損
×××	② ×××	② ××

例題14－2

次の一連の取引の仕訳をしなさい。

12月10日　例題14-1の株式のうち500株を1株¥2,000で売却し、代金は小切手で受け取った。

　　20日　仙台商社は売買目的で千葉工業の株式10株を1株につき¥45,000で買い入れ、買入手数料¥6,000とともに小切手を振り出して支払った。

25日　上記の千葉工業の株式8株を1株￥42,000で売却し、代金は小切手で受け取った。

解　答

	借方科目	金　額	貸方科目	金　額
12/10	現　　　金	1,000,000	売買目的有価証券	852,000 ※1
			有価証券売却益	148,000
/20	売買目的有価証券	456,000	当 座 預 金	456,000
/25	現　　　金	336,000	売買目的有価証券	364,000 ※2
	有価証券売却損	28,000		

※1　$¥1,704,000 \times \dfrac{500株}{1,000株} = ¥852,000$

※2　$¥456,000 \times \dfrac{8株}{10株} = ¥364,000$

3．有価証券利息および受取配当金

　保有している有価証券のうち国債・地方債・社債のような利付債券の場合、一定期間ごとに利息を受け取ることができる。利息を受け取ったときは、**有価証券利息勘定**（収益の勘定）または**受取利息勘定**の貸方に記入する。

　また、保有している他社の株式について配当金を受け取ったときは**受取配当金勘定**（収益の勘定）の貸方に記入する。

(1) 有価証券利息・受取配当金

　(a) 有価証券利息の処理

　　①有価証券利息を受け取ったとき

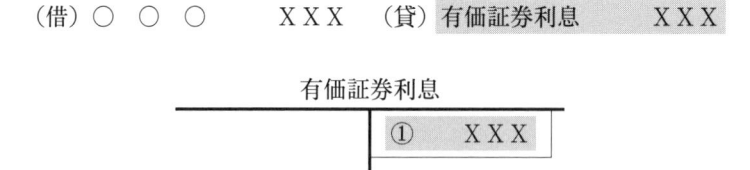

　　　　　（借）○　○　○　　ⅩⅩⅩ　　（貸）有価証券利息　　ⅩⅩⅩ

```
          有価証券利息
                   ①     ⅩⅩⅩ
```

　(b) 受取配当金の処理

　　②配当金を受け取ったとき

　　　　　（借）○　○　○　　ⅩⅩⅩ　　（貸）受取配当金　　ⅩⅩⅩ

```
          受取配当金
                   ②     ⅩⅩⅩ
```

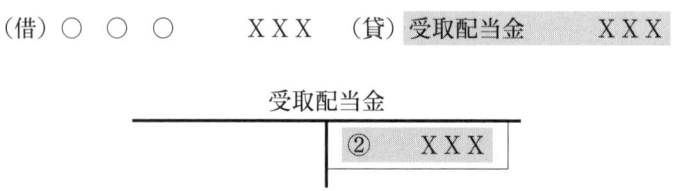

例題14－3

次の取引の仕訳をしなさい。

5月27日　所有している大宮産業株式会社の社債について、半年分の利息¥10,000を現金で受け取った。

6月30日　所有している横浜商事の株式につき、¥12,000の配当金を受け取り、直ちに当座預金とした。

解　答

	借方科目	金　額	貸方科目	金　額
5／27	現　　金	10,000	有価証券利息	10,000
6／30	当 座 預 金	12,000	受取配当金	12,000

4．有価証券の評価

　決算にあたって、企業の適切な財務状態を表すため、保有している資産の価値を再評価（再測定）する。期末の保有資産を評価する方法には取得原価法、時価法、低価法がある。

　取得原価法は、評価対象資産の取得時における評価額にもとづいて期末評価額を算出することである。**時価法**は、期末時点における当該資産の時価（公正価値と同様の意味で使われる）にもとづいて期末評価額を決めることである。**低価法**は、取得原価法による評価額と期末時価による評価額のいずれか低い方の評価額を期末評価額とすることである。

　有価証券を評価する基準は、有価証券の保有目的（売買目的、満期保有目的など）によって異なる。

　売買目的有価証券は時価の変動により利益を得ることを目的とする短期保有の有価証券であることから時価をもって評価額とする。時価が帳簿価額より高ければ**有価証券評価益勘定**（収益の勘定）の貸方および売買目的有価証券勘定の借方に記入する。時価が帳簿価額より低ければ**有価証券評価損勘定**（費用の勘定）の借方および売買目的有価証券勘定の貸方に記入する。

(1) 売買目的有価証券の評価

(a) 決算時の評価

①時価が簿価より高いとき（時価＞簿価）

（借）売買目的有価証券　　ＸＸ　　（貸）有価証券評価益　　ＸＸ

売買目的有価証券
ＸＸＸ
①　ＸＸ

有価証券評価益
①　ＸＸ

②時価が簿価より低いとき（時価＜簿価）
（借）有価証券評価損　　ＸＸ　　（貸）売買目的有価証券　　ＸＸ

売買目的有価証券			有価証券評価損	
ＸＸＸ	② ＸＸ		② ＸＸ	

例題14－4

次の取引の仕訳をしなさい。
① 決算に際して、売買目的で所有している秋田工業株式会社の株式1,000株（取得原価@¥1,500）を、@¥1,300（時価）に評価替えした。
② 決算に際して、所有している売買目的有価証券100株（取得原価@¥5,400）を、1株あたり¥5,700に評価替えした。

解　答

	借方科目	金　額	貸方科目	金　額
①	有価証券評価損	200,000 ※1	売買目的有価証券	200,000
②	売買目的有価証券	30,000	有価証券評価益	30,000 ※2

※1　（@¥1,500－@¥1,300）×1,000株＝¥200,000
※2　（@¥5,700－@¥5,400）×100株＝¥30,000

【練習問題】

次の取引の仕訳をしなさい。
1．仙台商店は売買目的で国債（額面総額¥5,000,000）を額面¥100につき¥95で購入し、買入手数料¥40,000とともに小切手を振り出して支払った。
2．仙台商店は上記1．の国債のうち額面総額¥3,000,000を額面¥100につき¥98で売却し、代金は月末に受け取ることとした。
3．所有している福井重工業株式会社の株式5,000株について、1株あたり¥14の配当金を現金で受け取った。
4．かねて所有している熊本通信株式会社の社債（額面総額¥7,000,000、利率4％、利払日6月および12月の末日）について、本日（6月30日）利払日につき6ヶ月分の利息を現金で受け取った。
5．決算に際し、売買目的で所有する株式3,000株（帳簿価額1株¥750）を、1株¥720に評価替えする。

第15章　固定資産の記帳

　企業が1年以上の長期にわたって使用する備品・機械・建物・土地などの**有形資産**、のれん・特許権・商標権などの**無形資産**、および長期の貸付金などの**投資その他の資産**を固定資産という。これらの固定資産の増減は、それぞれの固定資産を表す勘定、例えば、備品勘定、建物勘定、商標権勘定および長期貸付金勘定などを用いて記帳する。

　ここでは、このような固定資産のなかで、企業が長期にわたって使用する目的で保有する具体的な形態を持つ有形固定資産に関する取引について学習する。なお、本書では無形固定資産や投資その他の資産は対象としない。

１．有形固定資産の取得

(1) 有形固定資産の取得原価

　有形固定資産を取得したときには、その取得資産を表す該当資産の勘定の借方にその取得原価で記入する。**取得原価**とは、有価証券の取得原価と同様に、購入代価に付随費用を加算したものである。**付随費用**とは、購入手数料、運送費、据付費および試運転費など、その固定資産を使用するまでにかかった諸費用である。

　有形固定資産の増減を表す勘定には、**建物勘定**、**機械装置勘定**、**車両運搬具勘定**、**備品勘定**、および**土地勘定**などがある。

(2) 帳簿記録

①有形固定資産の例として備品を購入したとき

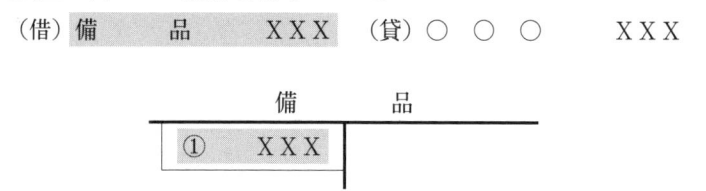

　　　　（借）備　　品　　×××　　（貸）○　○　○　　×××

```
            備        品
         ① ×××  │
```

例題15－1

次の取引の仕訳をしなさい。

① 山形商店は事務用机および椅子を購入し、代金¥340,000と引取運賃¥5,000を現金で支払った。

② 岩手商店は建物を定価¥1,500,000で購入し、代金は月末に支払うこととした。これにかかわる買入手数料¥50,000は小切手を振り出して支払った。
③ 青森商店は営業用のトラックを¥3,500,000で購入し、代金は月末に支払うこととした。

解　答

	借方科目	金　額	貸方科目	金　額
①	備　　品	345,000	現　　金	345,000
②	建　　物	1,550,000	未　払　金	1,500,000
			当座預金	50,000
③	車両運搬費	3,500,000	未　払　金	3,500,000

２．有形固定資産の売却

　有形固定資産が不用になったり、使用できなくなったりすると売却することがある。有形固定資産を売却した場合は、当該資産の帳簿価額を該当する有形固定資産勘定の貸方に記入する。有形固定資産の帳簿価額と売却価額との差額は**固定資産売却益勘定**（収益の勘定）または固定資産売却損勘定（費用の勘定）に記入する。売却価額が売却資産の帳簿価額より高い場合はその差額は固定資産売却益勘定の貸方に、低い場合は固定資産売却損勘定の借方に記入する。

（1）売却時の処理

①売却価額が帳簿価額[1]より高いとき（例えば、備品の売却の場合）

(借) ○　○　○　　　ＸＸＸ　　(貸) 備　　　品　　　ＸＸＸ
　　　　　　　　　　　　　　　　　　固定資産売却益　　ＸＸ

備　　品		固定資産売却益	
ＸＸＸ	① ＸＸＸ		① ＸＸ

②売却価額が帳簿価額より低いとき（例えば、備品の売却の場合）

(借) ○　○　○　　　ＸＸＸ　　(貸) 備　　　品　　　ＸＸＸ
　　　固定資産売却損　　ＸＸ

１）ふつうは、取得原価が帳簿価額となるが、備品などは、減価償却累計額（第19・20章参照）を差し引いた残額が帳簿価額である。

	備　品			固定資産売却損
② ×××	② ×××		② ××	

例題15－2

12月10日　神戸商店は、帳簿価額￥150,000の備品が不用になったため、￥110,000で売却し、代金は現金で受け取った。

解　答

	借方科目	金　額	貸方科目	金　額
12／10	現　　金	110,000	備　　品	150,000
	固定資産売却損	40,000		

【練習問題】

次の取引の仕訳をしなさい。

1．中古の店舗を￥5,500,000で購入し、仲介手数料￥165,000および登記料￥80,000を含めて小切手を振り出して支払った。
2．計算機2台を￥420,000を購入し、代金は小切手を振り出して支払った。
3．営業用の乗用車￥1,300,000を購入し、代金は小切手を振り出して支払った。
4．店舗用に土地を買い入れ、この代金￥20,000,000を買入手数料などの諸費用￥900,000とともに、小切手を振り出して支払った。
5．帳簿価額￥300,000の備品を￥350,000で売却し、代金は月末に受け取ることにした。

第16章　営業費の記帳

　ここでは、営業費の種類と記帳について学習する。営業費はおもに営業活動のために発生する費用であるために、ふつう販売費および一般管理費と呼ばれている。そして、営業費の記帳のうち、営業費勘定を用い、営業費の内訳は営業費内訳帳（補助元帳）に記入する。
　これらの記録をもとに、支出に大きな変動がある費用や過去と比較して増加が目立つ費用については、その原因を調べ、企業経営の無駄を省くことが求められている。

1．営業費の意味と種類

　営業費は、一般に販売費および一般管理費を包含するものとして使用する。『財務諸表等規則第84条』によれば、「会社の販売及び一般管理業務に関して発生したすべての費用は、販売費及び一般管理費に属するものとする。」と規定している。そして、これらの販売費および一般管理費に属する費用として、販売手数料、広告宣伝費、従業員の給料、賞与、旅費、通信費、光熱費及び消耗品費、租税公課、減価償却費、修繕費、保険料などをいう。
　したがって、直接営業活動に関連しないで発生する費用（営業外費用）と営業費は区別しなければならない。営業外費用として、支払利息、有価証券売却損、雑損などをいう。

例題16－1
次の勘定科目を営業費または営業外費用に分類しなさい。

　　　発　送　費　　水道光熱費　　手形売却損　　給　　　料　　消耗品費
　　　支払家賃　　租税公課　　支払利息　　雑　　　費　　保険料

解　答

営　業　費	発送費、水道光熱費、給料、消耗品費、支払家賃、租税公課、雑費、保険料
営業外費用	手形売却損、支払利息

2．営業費勘定と営業費内訳帳

営業費に関する取引には、次の2つの記帳方法がある。
(1) これまでに学習したように、総勘定元帳に給料勘定、発送費勘定、支払家賃勘定など、営業費に属する費用について、個別に勘定を設けて記帳する方法。
(2) 総勘定元帳に営業費勘定（費用の勘定）を1つだけ設けて、営業費に関する取引はすべてこの営業費勘定に記帳する方法。この方法で記帳する場合には、この営業費勘定の内訳や明細を明らかにするために補助簿が必要となる。この補助簿を営業費内訳帳という。

(2)の方法を採用する場合、営業費勘定を用いて仕訳することになる。
たとえば、電力料を現金で支払ったとき

　　　　（借方）　営　業　費　　×××　　　　（貸方）　現　　　金　　×××

この方法では、営業費勘定の残高から営業費の総額を即座に把握することができ、また、総勘定元帳の勘定口座数がひとつになるので、試算表を作成するときなどに便利である。

しかしながら、営業費勘定の内訳や明細を詳しく知るために営業費内訳帳（補助元帳）が必要となる。

このように、営業費勘定（総勘定元帳）と営業費内訳帳（補助元帳）の関係は、売掛金勘定と売掛金元帳や買掛金勘定と買掛金勘定のように、営業費勘定は、営業費内訳帳の内容をまとめて表しているので、統制勘定である。したがって、営業費勘定の残高と営業費内訳帳の各勘定口座の残高の合計額は必ず一致するので、定期的に両者を照合し、記帳に誤りがないかを確認することができる。

例題16－2

次の取引を総勘定元帳に統制勘定として営業費勘定だけを設ける方法により仕訳しなさい。
10月1日　下記のものを買い入れ、代金を現金で支払った。

　　電気代　　¥25,000　　水道料　¥30,000　　コピー用紙代　¥ 2,000
　　郵便切手　 2,000　　修繕費　 45,000　　新聞広告代　　 10,000

解　答

日　付	借方科目	金　額	貸方科目	金　額
10／1	営　業　費	114,000	現　　　金	114,000

例題16－2の取引を営業費勘定と営業費内訳帳に記入すれば次のとおりである。

解 答

総 勘 定 元 帳

現　金　　　　　　　　　1

	10/1 営業費 114,000

営　業　費　　　　　　　17

10/1 現金 114,000	

営業費内訳表

水道光熱費　　　　　　　1

平成○年	摘 要	金 額	合 計
10	1	電気代	25,000	25,000
	〃	水道料	30,000	55,000

通　信　費　　　　　　　2

平成○年	摘 要	金 額	合 計
10	1	郵便切手	2,000	2,000

広　告　料　　　　　　　3

平成○年	摘 要	金 額	合 計
10	1	新聞広告代	10,000	10,000

修　繕　費　　　　　　　4

平成○年	摘 要	金 額	合 計
10	1	修繕費	45,000	45,000

消耗品費　　　　　　　　5

平成○年	摘 要	金 額	合 計
10	1	コピー用紙代	2,000	2,000

【練習問題】

次の勘定科目を営業費または営業外費用に分類しなさい。

　　給　　料　　水道光熱費　　支払家賃　　発送費　　支払利息
　　雑　　費　　手形売却損　　保険料　　広告料　　旅　費
　　有価証券売却損

第17章　個人企業の資本の記帳

　企業は、さまざまな利害関係者から資金を調達し、それらを運用して経営活動を行い、適正な収益の獲得をめざす。このような収益獲得をめざす経営活動において、原資ないし元手としての役割を果たすのが「資本金（capital stock or shareholders' equity）」である。これらの資本金は、貸借対照表の貸方において表示される。本章では、個人企業の資本の記帳について学んでいきたい。

1．資本の元入れ

　企業では、企業の健全な経営と適正な収益の獲得をめざし、さまざまな経済財が用いられている。本章では、まずもってこのような経済財に焦点を絞っていきたい。これらの経済財には、例えば机や椅子のような備品、商品、そして土地などが含められる。これらのすべての経済財は、下記に示すような2つの性質を、必ず内包している。

　ここでは、「椅子」という経済財を例にとり、考えてみよう。椅子は、「人が座る」という役割を果たす経済財である。それとともに、この役割を果たすことにより、企業の経営活動に寄与し、収益を獲得することにも寄与していく。すなわち、「椅子」という経済財は、①人が座るという役割を果たす性質＜使用価値的側面＞と、②企業の経営活動と収益獲得に寄与するという性質＜価値的側面＞、という2つの性質を内包している。

　個人企業の開業に際し、これら2つの性質を有する経済財（企業主が所有する）が企業に流入した場合には、企業会計では、経済財のこれら2つの性質に着目して、例題17－1のような記録が作成される。この例題は、今、¥20,000の価値を持つ現金と¥50,000の価値を持つ机や椅子などの備品をもって、個人企業を開業する、というものである。この取引は、「資本の元入れ」と呼ばれる。

例題17－1
　店主が、現金¥20,000と机や椅子などの備品¥50,000を元入れして、開業した。

解　答

借方科目	金　額	貸方科目	金　額
現　　金	20,000	資　本　金	70,000
備　　品	50,000		

この企業では、（企業主が所有する）現金と備品という2つの経済財が流入して開業している。企業会計では、経済財の2つの側面に着目しつつ、借方（左側）の2つの勘定科目と金額の記録＜①の性質の表示＞と、貸方（右側）の勘定科目と金額の記録＜②の性質の表示＞が作成される。

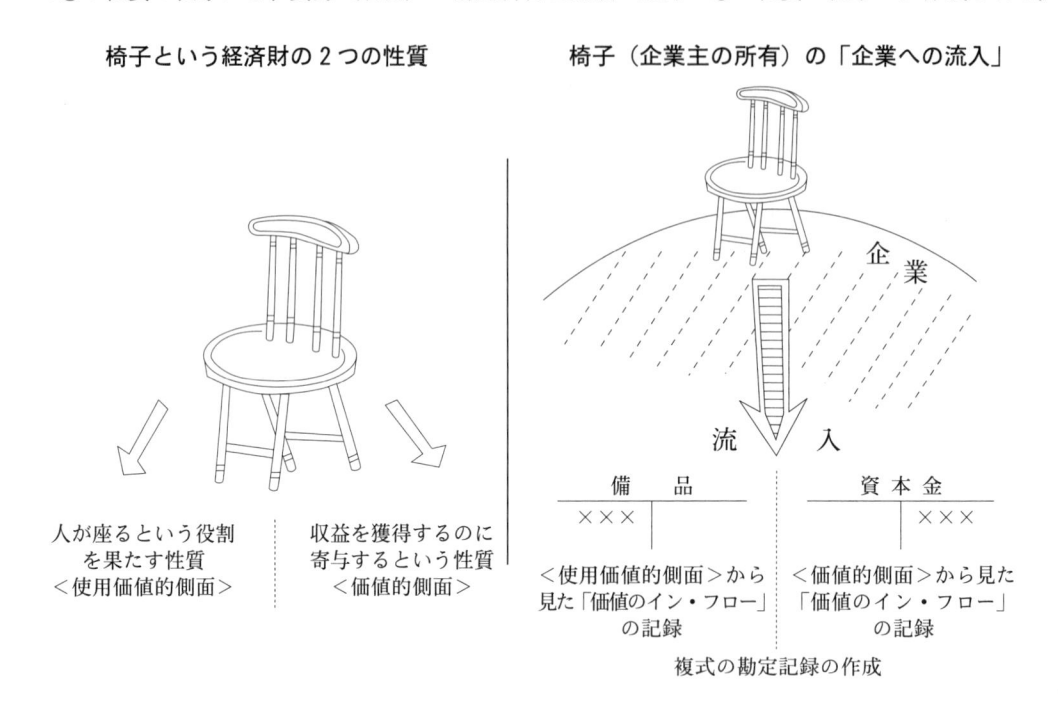

椅子という経済財の2つの性質　　　**椅子（企業主の所有）の「企業への流入」**

人が座るという役割を果たす性質　　収益を獲得するのに寄与するという性質
＜使用価値的側面＞　　　　　　　　＜価値的側面＞

備品　　　　　　　　　資本金
×××　　　　　　　　×××

＜使用価値的側面＞から見た「価値のイン・フロー」の記録　　　　＜価値的側面＞から見た「価値のイン・フロー」の記録

複式の勘定記録の作成

2．資本の引き出しと引出金勘定

個人企業において、資本金が引き出されるときには、この記録とは逆の記録がなされていく。例題17−2は、今、この企業の店主が、私用で¥10,000の価値を持つ商品を使用したというものである。この取引は、「資本の引き出し」と呼ばれる。

例題17−2
企業の店主が、私用で¥10,000の価値を持つ商品を使用した。

解　答

借方科目	金　額	貸方科目	金　額
資　本　金	10,000	仕　　入	10,000

個人企業において、資本の引き出しが頻繁に行われる際には、資本金勘定のかわりに、「引出金勘定」を用いて処理をしていく。引出金勘定は、会計期間の期中にのみあらわれる勘定であり、期末には、資本金勘定に振り替えられる。これらの一連の仕訳の例題を、下記に示しておきたい。

例題17-3

次の一連の取引の仕訳をしなさい。
① 現金¥30,000と備品¥50,000と商品¥20,000を元入れして、個人企業を開業した。
② 店主が、現金¥10,000を私用で使用した。
③ 店主が、商品¥10,000を私用で使用した。
④ 決算に際し、引出金勘定の残高¥20,000を、資本金勘定に振り替えた。

解 答

	借方科目	金 額	貸方科目	金 額
①	現　　　金	30,000	資　本　金	100,000
	備　　　品	50,000		
	仕　　　入	20,000		
②	引　出　金	10,000	現　　　金	10,000
③	引　出　金	10,000	仕　　　入	10,000
④	資　本　金	20,000	引　出　金	20,000

本節で概観した資本金勘定と引出金勘定の関係を図示すると、下記のようになる。

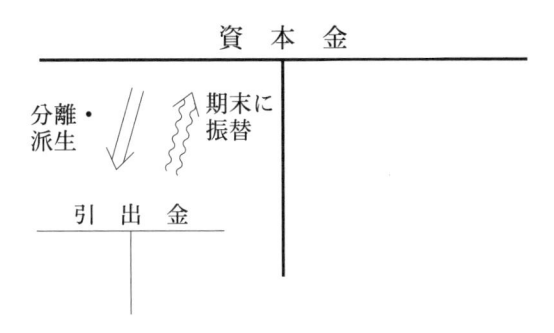

```
            資　本　金
   ─────────────┬─────────
             │
 分離・  ↓   ⌇期末に
 派生       ⌇振替
            │
   引　出　金
   ─────────
   │
   │
   引出金勘定は、資本金勘定の借方が
   分離・派生した勘定としての性質
```

【練習問題】

1．下記の取引を、資本金勘定を用いて仕訳しなさい。
　1月1日　現金¥20,000と備品¥60,000と商品¥40,000を元入れして、個人企業を開業する。
　　10日　店主が、現金¥15,000を私用で使用する。
　　26日　店主が、商品¥20,000を私用で使用する。

2．上記1の取引を、引出金勘定を用いて処理すると共に、月末に資本金勘定に振り替える仕訳を
　　示しなさい。

第18章　個人企業の税金の記帳

　個人企業が支払う税金には、所得税、住民税、事業税、固定資産税、自動車税などのさまざまなものがある。これらの税金は、国税（国家の収入となる税金）と地方税（地方公共団体の収入となる税金）の2つに分けられる。前者には所得税や消費税などが、後者には住民税、事業税、固定資産税、および自動車税などが含められる。本章では、このような個人企業の税金の記帳について学んでいきたい。

1．所得税と住民税

　まずはじめに、個人企業の税金のなかで、企業主が負担する税金――したがって、企業の費用として処理できない税金について学んでいきたい。このような税金には、所得税と住民税の2つがある。

(1) 所得税
　個人企業の経営者は、毎年1月1日から12月31日までの期間の「事業所得」――これは、企業の主たる経営活動からえた利益――と、「利子所得」や「配当所得」など――これは、預金や有価証券などからえられる利子や配当などの利益――に対する税金を納付せねばならない。このような税金が、「所得税」である。
　所得税は、個人企業の費用として処理ができず、企業主の負担となる。そのために、これらを納付したときには、引出金勘定で処理をする。なお、所得税は、会計期間の翌年の2月中旬から1ヶ月の間に、各地の税務署に確定申告をして、税金を納付する。以下、簡単な例題を示しておきたい。

例題18－1
　3月2日　前年度の所得税の確定申告を行った。所得税¥10,000を、小切手で納付した。

解　答

	借方科目	金　額	貸方科目	金　額
3／2	引　出　金	10,000	当座預金	10,000

(2) 住民税

　個人企業の費用として処理できず、企業主が負担するもうひとつの税金として、「住民税」がある。住民税は、①前年の所得にもとづいて課される「所得割額」と、②各個人に均等に課される「均等割額」、の2つの合計額である。住民税は、地方税であるが、さらに市町村民税と都道府県民税の2つに分かれる。

　住民税は、6、8、10月、と翌年1月の4期に分けて納付する。以下、簡単な例題を示しておきたい。

例題18－2

　次の一連の取引の仕訳をしなさい。
　6月12日　住民税の第1期分¥20,000を、小切手で納付した。
　8月23日　住民税の第2期分¥20,000を、現金で納付した。

解　答

	借方科目	金　額	貸方科目	金　額
6／12	引　出　金	20,000	当 座 預 金	20,000
8／23	引　出　金	20,000	現　　　金	20,000

2．事業税と固定資産税

(1) 事業税

　個人企業の事業の所得に対して課される地方税が「事業税」である。事業税は、前年度の事業の所得に基づいて納付額が決定され、納付の時期は8月と11月の2期に分けて納付する。事業税は費用として処理できるために、租税公課（または事業税）勘定を用いて処理される。以下、簡単な例題を示しておきたい。

例題18－3

　次の一連の取引の仕訳をしなさい。
　8月22日　事業税の第1期分¥5,000を、小切手で納付した。
　11月13日　事業税の第2期分¥5,000を、現金で納付した。

解　答

	借方科目	金　額	貸方科目	金　額
8／22	租 税 公 課 （事業税）	5,000	当 座 預 金	5,000
11／13	租 税 公 課 （事業税）	5,000	現　　　金	5,000

(2) 固定資産税

個人企業の土地や建物などの固定資産に対して課される地方税が「固定資産税」である。固定資産税は、毎年1月1日に所有している固定資産の評価額にもとづいて納付額が決定され、4、7、12月、と翌年2月の4期に分けて納付する。固定資産税は費用として処理できるために、租税公課（または固定資産税）勘定を用いて処理される。以下、簡単な例題を示しておきたい。

例題18－4

4月15日　固定資産税の第1期分￥55,000を、現金で納付した。

解　答

	借方科目	金　額	貸方科目	金　額
4／15	租税公課 （固定資産税）	55,000	現　　金	55,000

【練習問題】

1．下記の税金のうち、個人企業の企業主の負担となるものはどれか
　　(1) 所得税、(2) 事業税、(3) 固定資産税、(4) 住民税

2．次の取引の仕訳をせよ。
　(1) 前年度の所得税につき確定申告を行った。所得税￥25,000を小切手で納付した。
　(2) 住民税の第1期分￥15,000を、現金で納付した。
　(3) 事業税の第1期分￥9,000を、小切手で納付した。
　(4) 固定資産税の第1期分￥77,000を、小切手で納付した。

第19章　決　算Ⅱ

　ここでは、決算整理に伴う決算手続きについて学習する。決算整理については、3分法による商品売買損益の計算（売上原価の計算）・貸し倒れの見積もり・固定資産の減価償却・現金過不足の整理、引出金の整理などの決算手続きを行い、精算表を作成する。そして決算に必要な記帳を行い、仕訳帳や総勘定元帳などの会計帳簿を締め切る帳簿決算を学び、この帳簿記録にもとづいて損益計算書および貸借対照表などの財務諸表の作成方法について学習する。

1．決算整理の意味

　決算は、総勘定元帳の勘定記録にもとづいて行われている。しかし、各勘定は、決算日の資産・負債・純資産の勘定残高が期末の実際有高を正しく示していない場合がある。また、収益や費用の勘定のなかにも、その残高が、当期分の収益・費用の金額を正しく示していないものもある。
　そこで、決算にあたり各勘定が正しい実際有高やその期間の収益・費用の額を示すように、帳簿記録の修正や整理をする必要がある。この修正手続きを**決算整理**といい、そのために必要な仕訳を**整理仕訳**または**決算整理仕訳**という。
　また、決算整理を必要とする事項を**決算整理事項**という。
　この章では次の決算整理事項について学習する。
（1）商品に関する決算整理（売上原価の計算）　　（2）貸し倒れの見積もり
（3）固定資産の減価償却　　　　　　　　　　　　（4）現金過不足の整理
（5）引出金の整理

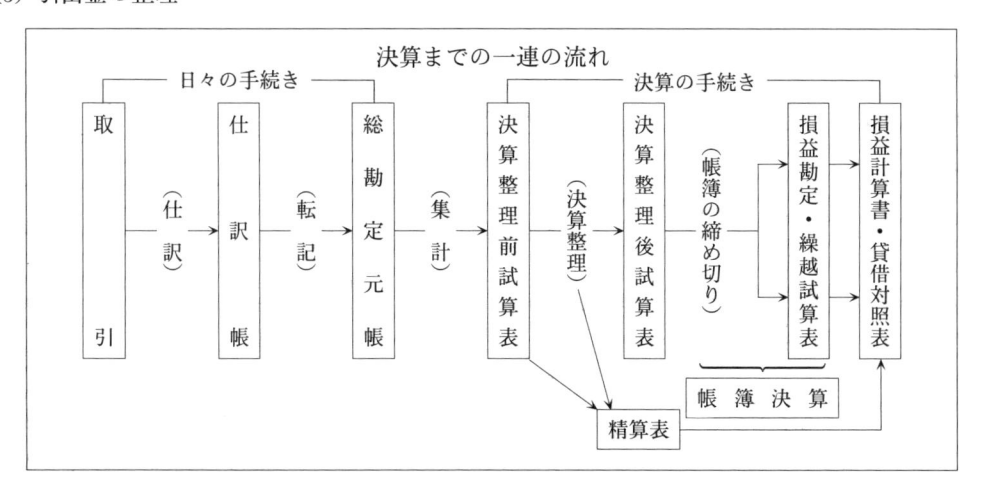

```
                        決算までの一連の流れ
        ─ 日々の手続き ─         ─── 決算の手続き ───
                                                        （帳簿の締め切り）
  取   （仕）  仕  （転）  総    （集）  決算    （決算）  決算           損益勘定    損益計算書
       訳     訳    記    勘     計    整理     整理     整理後          ・          ・
  引          帳          定           前試              試算           繰越試算表    貸借対照表
                         元           算表              表
                         帳
                                            ↓
                                          精算表         ─帳簿決算─
```

2．商品に関する決算整理

(1) 商品売買損益の計算

商品売買取引を3分法によって記帳している場合には、当期の商品売買損益は次の式にもとづいて、決算のときにまとめて計算する。

> 純売上高－売上原価＝商品売買益（マイナスのときは商品売買損）

(a) 純売上高は、総売上高から売上戻り高・値引き高を差し引いた金額で、売上勘定の貸方残高に示される。

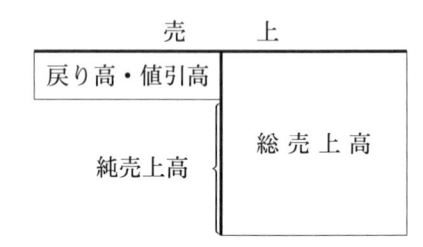

売	上
戻り高・値引高	総売上高
純売上高	

(b) 純仕入高は、総仕入高から仕入戻し高・値引き高を差し引いた金額で、仕入勘定の借方残高に示される。

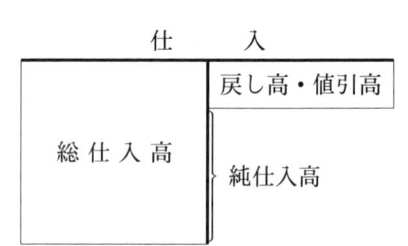

仕	入
総仕入高	戻し高・値引高
	純仕入高

(c) 売上原価（当期に販売した数量・金額）は、期末に商品の実際有高を調査（**実地棚卸**）して、期末商品棚卸高を確定し、売上原価を求める。

例えば、20個（期首商品棚卸数量）の商品を持っていて、あらたに100個の商品を仕入れ、いくつかを販売したあと、30個（期末商品棚卸数量）が売れ残ったとする。

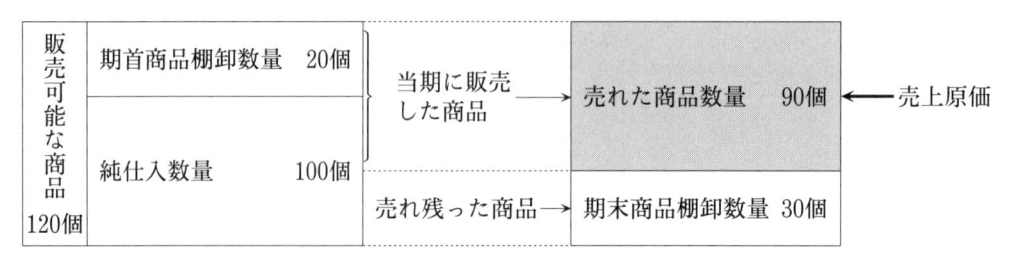

販売可能な商品 120個	期首商品棚卸数量　20個	当期に販売した商品　→	売れた商品数量　90個	← 売上原価
	純仕入数量　　　100個	売れ残った商品 →	期末商品棚卸数量　30個	

この場合、売れた商品の数量は、20個＋100個－30個＝90個で求められる。

(d) 期首商品棚卸高は、繰越商品勘定の前期繰越高として示される。

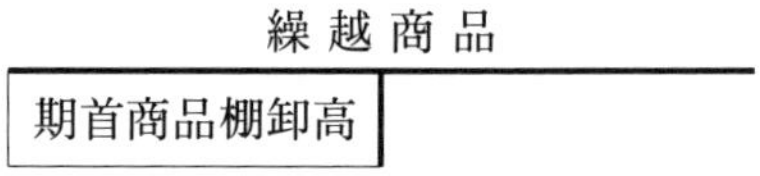

繰越商品
期首商品棚卸高

(2) 売上原価の記帳

売上原価の計算は、次に示す計算式によって求めることができる。

> 期首商品棚卸高＋純仕入高－期末商品棚卸高＝売上原価

次の資料をもとに売上原価を計算する方法と**決算仕訳**（closing entry）について学習する。

決算整理仕訳

資　料

繰越商品	仕　入	売　上
前期繰越　100	純仕入高　1,000	純売上高　1,300

期末商品棚卸高　¥200

（a）期首商品棚卸高を、繰越商品勘定から仕入勘定の借方に振り替える。

これによって、仕入勘定の借方は、上記の売上原価を計算する式の「期首商品棚卸高＋純仕入高」の部分となる。

①（借）仕　　　　入　　100　　（貸）繰　越　商　品　　100

繰越商品			仕　入	
期首商品棚卸高　100	振　替　高　100	①	期首商品棚卸高　100	当期に販売できる商品　1,100の原価の総額
			純仕入高　1,000	

（b）期末商品棚卸高を、仕入勘定から差し引いて、繰越商品勘定の借方に振り替える。

これによって、仕入勘定の残高は、上記の売上原価を計算する式の「期首商品棚卸高＋純仕入高－期末商品棚卸高」の部分となる。

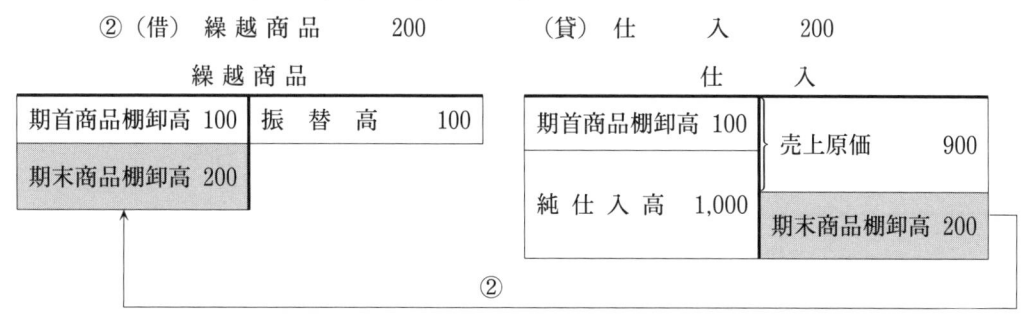

②（借）繰　越　商　品　　200　　（貸）仕　　　　入　　200

繰越商品		仕　入	
期首商品棚卸高　100	振　替　高　100	期首商品棚卸高　100	売上原価　900
期末商品棚卸高　200		純仕入高　1,000	期末商品棚卸高　200

①・②の記入の結果、仕入において期首商品棚卸高¥100＋純仕入高¥1,000－期末商品棚卸高¥200の計算から売上原価は¥900となる。

決算振替仕訳

次に、決算整理後に売上高と仕入勘定の残高を損益勘定へ振り替える。

なお、決算整理仕訳と**決算振替仕訳**を合わせて決算仕訳という。

(c) 売上勘定で示される純売上高（貸方残高）を、損益勘定の貸方に振り替える。
(d) 仕入勘定で計算された売上原価（借方残高）を、損益勘定の借方に振り替える。

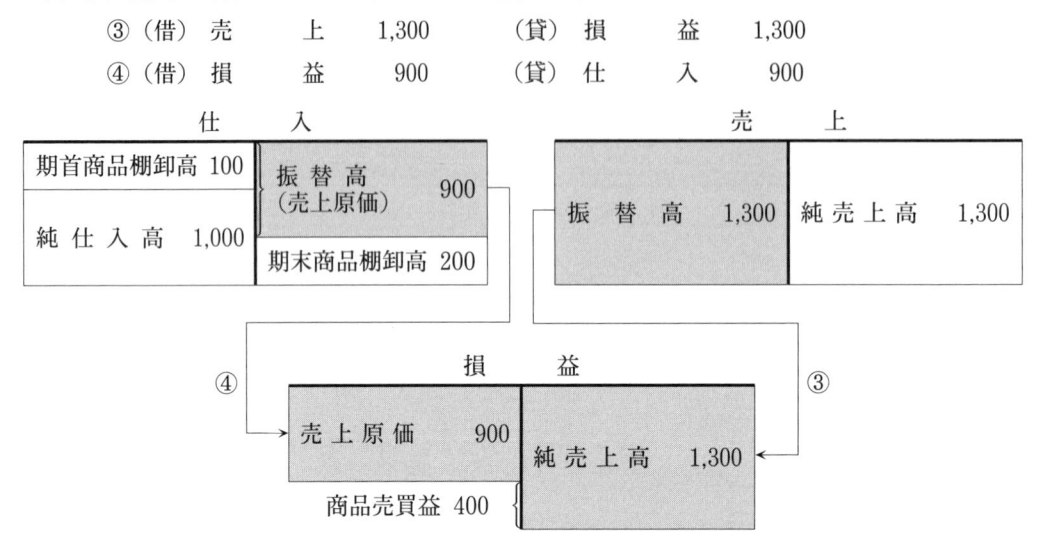

　③（借）売　　　　上　1,300　　（貸）損　　　　益　1,300
　④（借）損　　　　益　　900　　（貸）仕　　　　入　　900

仕　入	
期首商品棚卸高 100	振 替 高（売上原価） 900
純 仕 入 高 1,000	期末商品棚卸高 200

売　上	
振 替 高 1,300	純 売 上 高 1,300

損　益	
売 上 原 価 900	純 売 上 高 1,300
商品売買益 400	

③・④の記帳の結果、損益勘定の借方は売上原価、貸方は純売上高となり、その差額は商品売買益（または商品売買損）となる。

例題19－1

次の総勘定元帳残高（一部）と決算整理事項によって、商品に関する決算整理の仕訳と決算振替仕訳を示し、転記して締め切りなさい。ただし、決算日は12月31日とする。

総勘定元帳（一部）

繰　越　商　品	
1/1 前期繰越 550,000	

仕　入	
3,900,000	50,000

売　上	
40,000	5,000,000

決算整理事項

　期末商品棚卸高　¥570,000

解　答
決算整理仕訳

	借方科目	金　額	貸方科目	金　額
12/31	仕　　入	550,000	繰越商品	550,000
〃	繰越商品	570,000	仕　　入	570,000

決算振替仕訳

	借方科目	金　額	貸方科目	金　額
12/31	売　　上	4,960,000	損　　益	4,960,000
〃	損　　益	3,830,000	仕　　入	3,830,000

```
            繰越商品                                  仕　　入
1/1 前期繰越  550,000 | 12/31 仕  入  550,000              3,900,000 |              50,000
12/31 仕  入  570,000 |    〃 次期繰越 570,000   12/31 繰越商品 550,000 | 12/31 繰越商品 570,000
            1,120,000 |             1,120,000                          |    〃 損　益 3,830,000
1/1 前期繰越  570,000                                      4,450,000 |            4,450,000

            売　　上                                  損　　益
                   40,000  |         5,000,000   12/31 仕  入 3,830,000 | 12/31 売  上 4,960,000
12/31 損  益 4,960,000  |
            5,000,000  |         5,000,000
```

3．貸し倒れの見積もり

　得意先の倒産などにより、売上債権（売掛金や受取手形）などが回収できなくなることを**貸し倒れ**という。

(1) 貸し倒れの見積もり

　売上債権（売掛金や受取手形）の期末残高には、次期に貸し倒れとなることが予想されるものもある。そのため売上債権（売掛金や受取手形）の期末残高に貸し倒れが予想される場合には、決算にあたり、次期に予想される貸し倒れを見積もり、その見積額[1]を**貸倒引当金繰入勘定**[2]（費用の勘定）の借方に記入する。しかし、貸し倒れはまだ実際には生じていないから、売掛金勘定に直接、減少の記入を行うことはできない。

1）過去の貸し倒れの実績率等を使用し、計算する。
2）**貸倒償却勘定**（費用の勘定）を用いることもある。

そこで、**貸倒引当金勘定**[3]（allowance for bad debt）を設けて、この勘定の貸方に貸し倒れの見積額を記入する。次期に実際に貸し倒れが生じた場合には、貸し倒れ額を売掛金の貸方と貸倒引当金の借方に記入する。

決算にあたり、当期の貸し倒れの見積もり額から貸倒引当金勘定の残高の貸方に記入する。

このような処理の方法を**差額補充法**という。

決算整理仕訳

（借）貸倒引当金繰入　×××　　　（貸）貸倒引当金　×××

売掛金の期末残高 × 貸倒償却率 ＝ 貸倒見積額

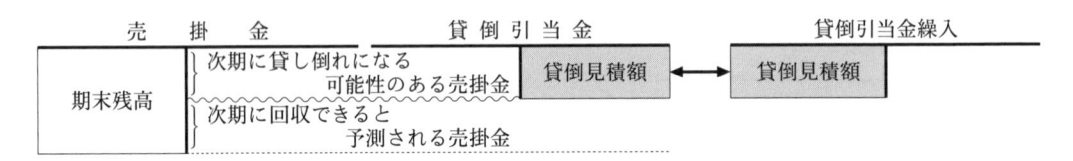

例題19－2

次の決算整理事項の仕訳と決算振替仕訳を示し、転記して締め切りなさい。ただし、決算日は12月31日とする。

12月31日　第1期の決算にあたり、売掛金残高¥500,000に対して4％の貸し倒れを見積もった。
12月31日　貸倒引当金繰入勘定の残高¥20,000を損益勘定に振り替えた。
6月10日　得意先東京商店が倒産したため、同店に対する売掛金¥5,000が貸し倒れとなった。
　　　　　ただし、貸倒引当金勘定の残高が¥20,000ある。

解　答

決算整理仕訳

	借方科目	金　額	貸方科目	金　額
12/31	貸倒引当金繰入	20,000	貸倒引当金	20,000

¥500,000×0.04＝¥20,000

決算振替仕訳

	借方科目	金　額	貸方科目	金　額
12/31	損　　　益	20,000	貸倒引当金繰入	20,000
6/10	貸倒引当金	5,000	売　掛　金	5,000

---

[3] 貸倒引当金勘定のように現在高を評価しなおして、金額を修正する勘定を**評価勘定**という。

例題19-3

次の決算整理事項の仕訳と決算振替仕訳を示し、転記して締め切りなさい。ただし、決算日は12月31日とする。

12月31日　例題19-1に続いて、第2期の決算にあたり、売掛金残高¥900,000に対して3％の貸し倒れを見積もった。
　　　　　ただし、貸倒引当金勘定の残高が¥15,000ある。

12月31日　貸倒引当金繰入勘定の残高¥12,000を損益勘定に振り替えた。

解　答

決算整理仕訳

	借方科目	金　額	貸方科目	金　額
12/31	貸倒引当金繰入	12,000	貸倒引当金	12,000

貸倒見積額
　¥900,000×0.03＝¥27,000
当期貸倒引当金繰入額
　¥27,000－¥15,000＝¥12,000

決算振替仕訳

	借方科目	金　額	貸方科目	金　額
12/31	損　　益	12,000	貸倒引当金繰入	12,000

例題19-1、例題19-2の取引を貸倒引当金勘定と貸倒引当金繰入勘定に転記する。

```
              貸倒引当金                                  貸倒引当金繰入
1期12/31 次期繰越 20,000│12/31 貸倒引当金繰入 20,000    1期12/31 貸倒引当金 20,000│12/31 損    益 20,000
2期 6/10 売 掛 金  5,000│ 1/ 1 前期繰越      20,000    2期  〃  貸倒引当金 12,000│ 〃   損    益 12,000
   12/31 次期繰越 27,000│12/31 貸倒引当金繰入 12,000
                 32,000│                   32,000
                       │ 1/ 1 前期繰越      27,000
```

　実際に発生した貸し倒れ額が、貸倒引当金の残高より大きい場合は、実際発生額と貸倒引当金の残高との差額を、**貸倒損失勘定**（bad debt expense）[4]（費用の勘定）の借方に記入する。

4）貸倒償却勘定（費用の勘定）を用いることもある。

例題19－4

次の取引の仕訳を示しなさい。

8月20日　得意先名古屋商店が倒産したため、同店に対する売掛金¥40,000が貸し倒れとなった。ただし、貸倒引当金勘定の残高が¥27,000ある。

解　答

	借方科目	金　額	貸方科目	金　額
8／20	貸倒引当金 貸倒損失	27,000 13,000	売　掛　金	40,000

4．固定資産の減価償却

(1) 固定資産の減価償却

備品・建物・車両運搬具などの固定資産は、使用や時の経過などにより価値が減少する。そこで決算にあたり、当期における価値の減少額（**減価**）を費用として計上し、固定資産の帳簿価額を減少しなければならない。この手続きを**減価償却**という。これによって計上される費用を**減価償却費**（depreciation）という。

(2) 減価償却費の計算方法

減価償却の方法はいくつかあるが、ここでは毎期一定の減価償却を計上する**定額法**について学習する。

定額法は、取得原価から**残存価額**（salvage value）を差し引き、**耐用年数**（economic life）で割って1年間の減価償却費を計算する。

- ■ 取得原価 ……… 固定資産の購入時の価額（付随費用を含む）
- ■ 残存価額 ……… 固定資産を耐用年数まで使用した後の処分予想価額
- ■ 耐用年数 ……… 固定資産が使用できるとみられる年数

定額法による減価償却の計算式

$$1年間の減価償却費 = \frac{取得原価 － 残存価額}{耐用年数}$$

(3) 減価償却費の記帳

減価償却の記帳には、直接法と間接法がある。ここでは直接法について学習する。**直接法**とは固定資産の各勘定残高から減価償却を減額する方法である。

間接法による減価償却の計上は、次のように仕訳する。

減価償却費を減価償却費勘定（費用の勘定）の借方に記入するとともに、固定資産の各勘定（備品・建物・車両運搬具）の貸方に記入し、その固定資産の各勘定残高を減額する。

決算整理仕訳

（借）減価償却費　×××　　　　（貸）固定資産　×××

```
        固定資産の勘定                          減価償却費
┌─────────────┬──────────────┐     ┌──────────────┐
│             │  減価償却の金額  │ ──→ │  減価償却の金額  │
│  取 得 原 価 ├──────────────┤     └──────────────┘
│             │  帳簿価額      │
└─────────────┴──────────────┘
```

例題19－5

次の決算整理事項の仕訳と決算振替仕訳を示し、転記して締め切りなさい。ただし、決算日は12月31日とする。

12月31日　決算にあたり、取得原価¥500,000　残存価額¥50,000　耐用年数5年の備品について、定額法で減価償却を行った。

12月31日　減価償却費勘定の残高¥90,000を損益勘定に振り替えた。

解　答

決算整理仕訳

	借方科目	金　額	貸方科目	金　額
12／31	減価償却費	90,000	備　　品	90,000

次の計算式により1年間の減価償却を計算

$$90,000 = \frac{500,000 - 50,000}{5\text{年}}$$

決算振替仕訳

	借方科目	金　額	貸方科目	金　額
12／31	損　　益	90,000	減価償却費	90,000

```
           備　　品                                          減価償却費
         600,000 │12/31 減価償却費  90,000     12/31 備　品 90,000 │12/31 損　益 90,000
                 │  〃   次期繰越  510,000
         ───────┼───────                      
         600,000 │        600,000
1/1 前期繰越 510,000 │
```

141

5．現金過不足の整理

すでに学習した現金過不足について、決算日になっても現金過不足の原因が判明しない場合は、次のように処理する。

(1) 実際有高 ＜ 帳簿残高（現金過不足勘定が借方残高）の場合
　　　　（借）雑　　損　　×××　　　　（貸）現金過不足　　×××

(2) 実際有高 ＞ 帳簿残高（現金過不足勘定が貸方残高）の場合
　　　　（借）現金過不足　　×××　　　（貸）雑　　益　　×××

なお、原因が判明した場合は、該当勘定科目（費用の勘定科目、収益の勘定科目）に振り替える。

例題19－6

次の決算整理事項の仕訳と決算振替仕訳を示し、転記して締め切りなさい。ただし、決算日は12月31日とする。

12月31日　現金過不足勘定の借方残高¥5,000について現金過不足額の原因が判明しなかったので雑損勘定に振り替えた。

解　答

決算整理仕訳

	借方科目	金額	貸方科目	金額
12/31	雑　損	5,000	現金過不足	5,000

決算振替仕訳

	借方科目	金額	貸方科目	金額
12/31	損　益	5,000	雑　損	5,000

```
         現金過不足                              雑　損
      5,000│12/31 雑  損  5,000    12/31 現金過不足  5,000│12/31 損  益  5,000
```

12月31日　現金過不足勘定の貸方残高¥3,000について現金過不足額の原因が判明しなかったので雑益勘定に振り替えた。

解　答
決算整理仕訳

	借方科目	金　額	貸方科目	金　額
12/31	現 金 過 不 足	3,000	雑　　　　益	3,000

決算振替仕訳

	借方科目	金　額	貸方科目	金　額
12/31	雑　　　　益	3,000	損　　　　益	3,000

```
          現金過不足                              雑　　益
12/31 雑　益  3,000 |         3,000   12/31 損　益  3,000 | 12/31 現金過不足  3,000
```

6．引出金の整理

引出金は、資本金を減少させる勘定である。したがって、決算にあたり、引出金勘定に残高がある場合には、資本金勘定に振り替える。

例題19－7
次の決算整理事項の仕訳と決算振替仕訳を示し、転記して締め切りなさい。ただし、決算日は12月31日とする。
12月31日　決算にあたり、引出金勘定の残高¥10,000を資本金勘定に振り替えた。
12月31日　決算の結果、当期純利益¥113,000を計上した。

解　答
決算整理仕訳

	借方科目	金　額	貸方科目	金　額
12/31	資　本　金	10,000	引　出　金	10,000

決算振替仕訳

	借方科目	金　額	貸方科目	金　額
12/31	損　　益	113,000	資　本　金	113,000

```
        引 出 金                              資 本 金
       10,000 |12/31 資本金 10,000    12/31 引出金    10,000 | 1/1 前期繰越 2,000,000
                                      12/31 次期繰越 2,103,000|12/31 損   益   113,000
                                                    2,113,000              2,113,000
                                                             | 1/1 前期繰越 2,103,000
```

7．8桁精算表

すでに学んだ6桁精算表に、決算整理を行うための**整理記入欄**を加えた精算表を**8桁精算表**という。

8桁精算表は次のように作成する。

(1) 各勘定の残高を残高試算表欄に記入する。
(2) 決算整理に必要な仕訳を整理記入欄で行う。このときあらたに生じる勘定科目は勘定科目欄に追加し、整理記入欄に金額を記入する。
(3) 勘定科目ごと、残高試算表の金額と整理記入欄の金額が、貸借同じ側にあれば加え、反対側にあれば差し引いて、資産・負債・純資産の各勘定の金額は貸借対照表欄に、収益・費用の各勘定の金額は損益計算書欄にそれぞれ記入する。
(4) 損益計算書欄・貸借対照表欄で、それぞれの貸借差額を計算し、その差額を当期純利益または当期純損失として、合計金額の少ない側に記入する。
(5) 整理記入欄、損益計算書欄、貸借対照表欄のそれぞれの借方と貸方の金額を合計して締め切る。

例題19－8

次の決算整理に関する仕訳を示し、精算表の整理記入欄に記入し、貸借対照表欄と損益計算書欄に記入しなさい。

決算整理仕訳
　(a) 期末商品棚卸高　　￥570,000

解　答

	(借) 仕　　入	550,000	(貸) 繰越商品	550,000
	(借) 繰越商品	570,000	(貸) 仕　　入	570,000

精　算　表

勘定科目	残高試算表 借方	残高試算表 貸方	整理記入 借方	整理記入 貸方	損益計算書 借方	損益計算書 貸方	貸借対照表 借方	貸借対照表 貸方
繰越商品	550,000	-------	(+)570,000	(−)550,000	-------	-------	→ 570,000	
仕　　入	3,850,000	-------	(+)550,000	(−)570,000	→ 3,830,000			

(b) 貸倒引当金　　売掛金残高の3％（差額補充法）

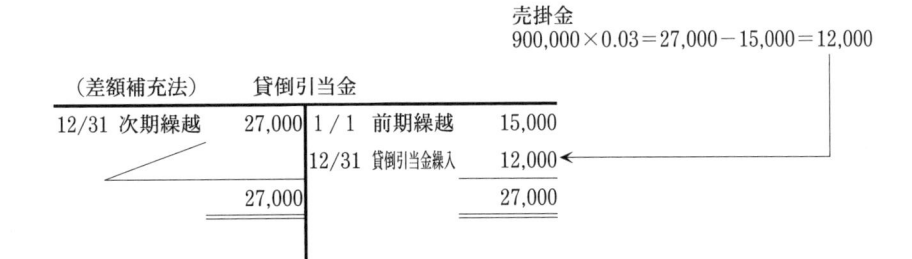

売掛金
$900,000 \times 0.03 = 27,000 - 15,000 = 12,000$

（差額補充法）　　貸倒引当金

12/31 次期繰越	27,000	1/1 前期繰越	15,000
		12/31 貸倒引当金繰入	12,000
	27,000		27,000

解　答

（借）貸倒引当金繰入　　12,000　　（貸）貸倒引当金　　12,000

精　算　表

勘定科目	残高試算表 借方	残高試算表 貸方	整理記入 借方	整理記入 貸方	損益計算書 借方	損益計算書 貸方	貸借対照表 借方	貸借対照表 貸方
売掛金	900,000	-------	-------	-------	-------	-------	→ 900,000	
貸倒引当金		15,000	-------	→ (+)12,000	-------	-------	-------	→ 27,000
貸倒引当金繰入			12,000	-------	→ 12,000			

(c) 備品減価償却高　　¥90,000（直接法）

解　答

（借）減価償却費　　90,000　　（貸）備　　品　　90,000

精　算　表

勘定科目	残高試算表 借方	残高試算表 貸方	整理記入 借方	整理記入 貸方	損益計算書 借方	損益計算書 貸方	貸借対照表 借方	貸借対照表 貸方
備　品	600,000	-------	-------	→ (−)90,000	-------	-------	→ 510,000	
減価償却費			90,000	-------	→ 90,000			

(d) 現金過不足勘定の¥5,000は雑損とする。

解　答

（借）雑　　損　　5,000　　（貸）現金過不足　　5,000

精　算　表

勘定科目	残高試算表 借方	残高試算表 貸方	整理記入 借方	整理記入 貸方	損益計算書 借方	損益計算書 貸方	貸借対照表 借方	貸借対照表 貸方
現金過不足	5,000			(−)5,000				
雑　　　損			5,000	------→	5,000			

(e) 引出金勘定の¥10,000は整理する。

解　答

　　　　（借）資　本　金　　10,000　　　　（貸）引　出　金　　10,000

精　算　表

勘定科目	残高試算表 借方	残高試算表 貸方	整理記入 借方	整理記入 貸方	損益計算書 借方	損益計算書 貸方	貸借対照表 借方	貸借対照表 貸方
資　本　金		2,000,000	(−)10,000	------	------	------	------→	1,990,000
引　出　金	10,000	------	------	→(−)10,000				

例題19−9

大阪商店（個人企業　決算年1回　決算日12月31日）の次の総勘定元帳残高と決算整理事項は次のとおりであった。よって、8桁精算表を作成しなさい。

元帳勘定残高

現　　　　金	¥400,000	当座預金	¥700,000	売掛金	¥900,000
貸倒引当金	15,000	繰越商品	550,000	備　品	600,000
買　掛　金	650,000	借入金	300,000	資本金	2,000,000
引　出　金	10,000	売　上	4,960,000	受取手数料	15,000
仕　　　　入	3,850,000	給　料	893,000	支払利息	15,000
保　険　料	10,000	雑　費	7,000	現金過不足(借方)	5,000

決算整理事項

(a) 期末商品棚卸高　　¥570,000
(b) 貸倒引当金　　売掛金の3％とする。（差額補充法）
(c) 備品減価償却高　　¥90,000（直接法）
(d) 現金過不足勘定の¥5,000は雑損とする。
(e) 引出金勘定の¥10,000は整理する。

解　答

決算整理仕訳

	借方科目	金　額	貸方科目	金　額
(a)	仕　　　入	550,000	繰 越 商 品	550,000
	繰 越 商 品	570,000	仕　　　入	570,000
(b)	貸倒引当金繰入	12,000	貸倒引当金	12,000
(c)	減価償却費	90,000	備　　　品	90,000
(d)	雑　　　損	5,000	現金過不足	5,000
(e)	資　本　金	10,000	引　出　金	10,000

精　算　表
平成○年12月31日　　　　　　　　　　　　　　　　　　　　　（単位：円）

勘定科目	残高試算表 借方	残高試算表 貸方	整理記入 借方	整理記入 貸方	損益計算書 借方	損益計算書 貸方	貸借対照表 借方	貸借対照表 貸方
現　　　金	400,000						400,000	
当 座 預 金	700,000						700,000	
売 掛 金	900,000						900,000	
貸倒引当金		15,000		(b) 12,000				27,000
繰 越 商 品	550,000		(a) 570,000	(a) 550,000			570,000	
備　　　品	600,000			(c) 90,000			510,000	
買 掛 金		650,000						650,000
借 入 金		300,000						300,000
資 本 金		2,000,000	(e) 10,000					1,990,000
引 出 金	10,000			(e) 10,000				
売　　　上		4,960,000				4,960,000		
受取手数料		15,000				15,000		
仕　　　入	3,850,000		(a) 550,000	(a) 570,000	3,830,000			
給　　　料	893,000				893,000			
支 払 利 息	15,000				15,000			
保 険 料	10,000				10,000			
雑　　　費	7,000				7,000			
現金過不足	5,000			(a) 5,000				
	7,940,000	7,940,000						
貸倒引当金繰入			(b) 12,000		12,000			
減価償却費			(c) 90,000		90,000			
雑　　　損			(d) 5,000		5,000			
当期純利益					113,000			113,000
			1,237,000	1,237,000	4,975,000	4,975,000	3,080,000	3,080,000

8．帳簿決算

決算のために必要な記帳を行い、仕訳帳や総勘定元帳など会計帳簿を締め切ることを**帳簿決算**という。

ここでは、決算整理を含む帳簿決算について学習する。

例題19－10

大阪商店（個人企業　決算年1回　決算日12月31日）の次の総勘定元帳残高と決算整理事項によって、決算整理仕訳を行い、総勘定元帳に転記して、各勘定を締め切りなさい。

元帳勘定残高

現　　　　金	¥ 400,000	当 座 預 金	¥ 700,000	売　掛　金	¥ 900,000
貸倒引当金	15,000	繰 越 商 品	550,000	備　　　品	600,000
買　掛　金	650,000	借　入　金	300,000	資　本　金	2,000,000
引　出　金	10,000	売　　　上	4,960,000	受取手数料	15,000
仕　　　入	3,850,000	給　　　料	893,000	支 払 利 息	15,000
保　険　料	10,000	雑　　　費	7,000	現金過不足(借方)	5,000

決算整理事項

(a)　期末商品棚卸高　　　¥570,000
(b)　貸倒引当金　　売掛金の3％とする。（差額補充法）
(c)　備品減価償却高　　¥ 90,000（直接法）
(d)　現金過不足勘定の¥5,000は雑損とする。
(e)　引出金勘定の¥10,000は整理する。

解　答

決算整理仕訳

	借方科目	金　額	貸方科目	金　額
(a)	仕　　　入	550,000	繰 越 商 品	550,000
	繰 越 商 品	570,000	仕　　　入	570,000
(b)	貸倒引当金繰入	12,000	貸倒引当金	12,000
(c)	減価償却費	90,000	備　　　品	90,000
(d)	雑　　　損	5,000	現金過不足	5,000
(e)	資　本　金	10,000	引　出　金	10,000

振替仕訳

借方科目	金　額	貸方科目	金　額
売　　　　上	4,960,000	損　　　　益	4,975,000
受 取 手 数 料	15,000		
損　　　　益	4,862,000	仕　　　　入	3,830,000
		給　　　料	893,000
		貸倒引当金繰入	12,000
		減 価 償 却 費	90,000
		支 払 利 息	15,000
		保　険　料	10,000
		雑　　　費	7,000
		雑　　　損	5,000
損　　　　益	113,000	資　本　金	113,000

総勘定元帳

現　金　1

	1,000,000		600,000
		12/31 次期繰越	400,000
	1,00,000		1,000,000
1/1 前期繰越	400,000		

当座預金　2

	1,500,000		800,000
		12/31 次期繰越	700,000
	1,500,000		1,500,000
1/1 前期繰越	700,000		

売掛金　3

	1,700,000		800,000
		12/31 次期繰越	900,000
	1,700,000		1,700,000
1/1 前期繰越	900,000		

貸倒引当金　4

	5,000		20,000
12/31 次期繰越	27,000	12/31 貸倒引当金繰入	12,000
	32,000		32,000
		1/1 前期繰越	27,000

繰越商品　5

	550,000	12/31 仕入	550,000
12/31 仕入	570,000	〃 次期繰越	570,000
	1,120,000		1,120,000
1/1 前期繰越	570,000		

備品　6

	600,000	12/31 減価償却費	90,000
		〃 次期繰越	510,000
	600,000		600,000
1/1 前期繰越	510,000		

買掛金　7

	750,000		1,400,000
12/31 次期繰越	650,000		
	1,400,000		1,400,000
		1/1 前期繰越	650,000

借入金　8

12/31 次期繰越	300,000		300,000
		1/1 前期繰越	300,000

引出金　10

	10,000	12/31 資本金	10,000

資本金　9

12/31 引出金	10,000		2,000,000
〃 次期繰越	2,103,000	12/31 損益	113,000
	2,113,000		2,113,000
		1/1 前期繰越	2,103,000

売上　11

	40,000		5,000,000
12/31 損益	4,960,000		
	5,000,000		5,000,000

受取手数料　12

12/31 損益	15,000		15,000

仕入　13

	4,000,000		150,000
12/31 繰越商品	550,000	12/31 繰越商品	570,000
		〃 損益	3,830,000
	4,550,000		4,550,000

給料　14

	893,000	12/31 損益	893,000

貸倒引当金繰入　15

12/31 貸倒引当金	12,000	12/31 損益	12,000

減価償却費　16

12/31 備品	90,000	12/31 損益	90,000

支払利息　17

	15,000	12/31 損益	15,000

保険料　18

	10,000	12/31 損益	10,000

雑費　19

	7,000	12/31 損益	7,000

雑損　20

	5,000	12/31 損益	5,000

	損	益	21
12/31 仕　　入	3,830,000	12/31 売　　上	4,960,000
〃　給　　料	893,000	〃　受取手数料	15,000
〃　貸倒引当金繰入	12,000		
〃　減価償却費	90,000		
〃　支払利息	15,000		
〃　保　険　料	10,000		
〃　雑　　益	7,000		
〃　雑　　損	5,000		
〃　資　本　金	113,000		
	4,975,000		4,975,000

繰 越 試 算 表

平成〇年12月31日

借　　方	元丁	勘　定　科　目	貸　　方
400,000	1	現　　　　金	
700,000	2	当　座　預　金	
900,000	3	売　　掛　　金	
	4	貸　倒　引　当　金	27,000
570,000	5	繰　越　商　品	
510,000	6	備　　　　品	
	7	買　　掛　　金	650,000
	8	借　　入　　金	300,000
	9	資　　本　　金	2,103,000
3,080,000			3,080,000

9．財務諸表の作成

　帳簿決算が終わると、帳簿記録にもとづいて、損益計算書・貸借対照表などの決算報告書を作成する。このような決算報告書を**財務諸表**（financial statements）という。財務諸表には、損益計算書や貸借対照表などがある。

(1) 損益計算書（Income Statement；I/S）の作成

　損益計算書は、企業の経営成績（operating results）を明らかにするために、一会計期間に発生したすべての収益と費用を記録し、当期純損益を表示したものである。

　損益計算書[5]の作成は、次のように行う。
① 決算整理後の費用・収益の勘定残高や損益勘定などをもとに作成する。
② 売上勘定の残高は、「売上高」として表示する。
③ 決算整理後の仕入勘定の残高は、売上原価を示しているので、「売上原価」として表示する。

例題19－11

　大阪商店（個人企業　決算年1回　決算日12月31日）の次の総勘定元帳の勘定残高と決算整理事項は次のとおりであった。よって、損益計算書を作成しなさい。

---

5) 損益計算書と貸借対照表の形式は勘定式と報告式があるが、ここでは**勘定式**を学習する。

元帳勘定残高

現　　　　金	¥400,000	当座預金	¥700,000	売　掛　金	¥900,000
貸倒引当金	15,000	繰越商品	550,000	備　　　品	600,000
買　掛　金	650,000	借　入　金	300,000	資　本　金	2,000,000
引　出　金	10,000	売　　　上	4,960,000	受取手数料	15,000
仕　　　入	3,850,000	給　　　料	893,000	支払利息	15,000
保　険　料	10,000	雑　　　費	7,000	現金過不足(借方)	5,000

決算整理事項

(a) 期末商品棚卸高　　¥570,000
(b) 貸倒引当金　　売掛金の3％とする。（差額補充法）
(c) 備品減価償却高　　¥90,000（直接法）
(d) 現金過不足勘定の¥5,000は雑損とする。
(e) 引出金勘定の¥10,000は整理する。

解　答

決算整理仕訳

	借方科目	金　額	貸方科目	金　額
(a)	仕　　　入	550,000	繰越商品	550,000
	繰越商品	570,000	仕　　　入	570,000
(b)	貸倒引当金繰入	12,000	貸倒引当金	12,000
(c)	減価償却費	90,000	備　　　品	90,000
(d)	雑　　　損	5,000	現金過不足	5,000
(e)	資　本　金	10,000	引　出　金	10,000

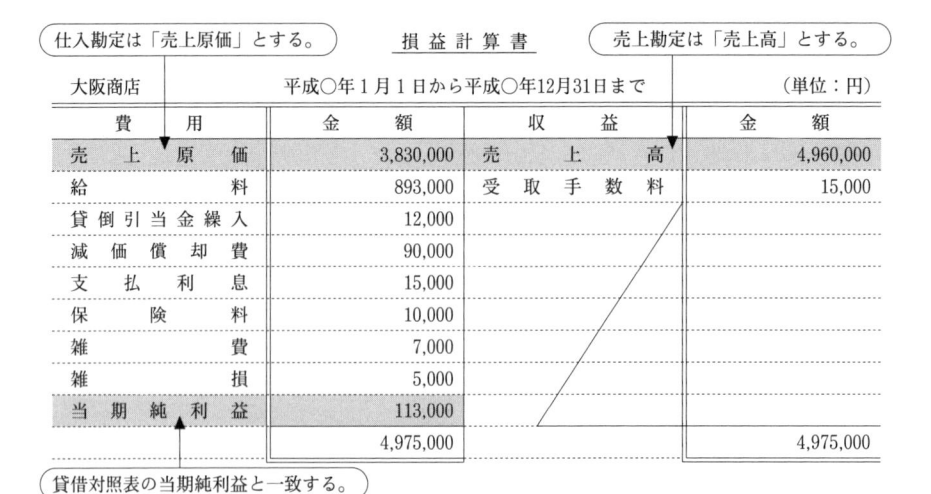

（仕入勘定は「売上原価」とする。）　　**損　益　計　算　書**　　（売上勘定は「売上高」とする。）

大阪商店　　　平成○年1月1日から平成○年12月31日まで　　　（単位：円）

費　用	金　額	収　益	金　額
売　上　原　価	3,830,000	売　上　高	4,960,000
給　　　料	893,000	受取手数料	15,000
貸倒引当金繰入	12,000		
減価償却費	90,000		
支払利息	15,000		
保　険　料	10,000		
雑　　　費	7,000		
雑　　　損	5,000		
当期純利益	113,000		
	4,975,000		4,975,000

（貸借対照表の当期純利益と一致する。）

(2) 貸借対照表（Balance Sheet；B/S）の作成

貸借対照表は、企業の財政状態（financial position）を明らかにするために、会計期末（一定時点）における資産・負債・純資産を記録したものである。

貸借対照表の作成は、次のように行う。

① 決算整理後の資産・負債・純資産の勘定残高や繰越試算表などもとに作成する。
② 貸倒引当金勘定は貸方残高であるが、売掛金勘定に対する評価勘定であるから、売掛金から差し引く控除形式で表示する。
③ 繰越商品勘定は、「商品」として表示する。

例題19－12

大阪商店（個人企業　決算年1回　決算日12月31日）の次の総勘定元帳の勘定残高と決算整理事項は次のとおりであった。よって、損益計算書を作成しなさい。

元帳勘定残高

現　　　金	¥ 400,000	当座預金	¥ 700,000	売 掛 金	¥ 900,000
貸倒引当金	15,000	繰越商品	550,000	備　　品	600,000
買　掛　金	650,000	借 入 金	300,000	資 本 金	2,000,000
引　出　金	10,000	売　　上	4,960,000	受取手数料	15,000
仕　　　入	3,850,000	給　　料	893,000	支払利息	15,000
保　険　料	10,000	雑　　費	7,000	現金過不足(借方)	5,000

決算整理事項

(a) 期末商品棚卸高　　¥570,000
(b) 貸倒引当金　　売掛金の3％とする。（差額補充法）
(c) 備品減価償却高　　¥ 90,000（直接法）
(d) 現金過不足勘定の¥5,000は雑損とする。
(e) 引出金勘定の¥10,000は整理する。

解　答

決算整理仕訳

	借方科目	金　額	貸方科目	金　額
(a)	仕　　　　入	550,000	繰 越 商 品	550,000
	繰 越 商 品	570,000	仕　　　　入	570,000
(b)	貸倒引当金繰入	12,000	貸倒引当金	12,000
(c)	減価償却費	90,000	備　　　品	90,000
(d)	雑　　　損	5,000	現金過不足	5,000
(e)	資　本　金	10,000	引　出　金	10,000

貸倒引当金は売掛金から控除する形式で表示する。

貸 借 対 照 表

大阪商店　　　　　　　　　　　平成○年12月31日　　　　　　　　　　（単位：円）

資　　産	金　　額	負債および純資産	金　　額
現　　　　金	400,000	買　掛　金	650,000
当　座　預　金	700,000	借　入　金	300,000
売　掛　金　900,000		資　本　金	1,990,000
貸倒引当金　27,000	873,000	当 期 純 利 益	113,000
商　　　　品	570,000		
備　　　　品	510,000		
	3,053,000		3,053,000

繰越商品は「商品」で表示する。

損益計算書と当期純利益と一致する。

【練習問題】

1．北海道商店（個人企業　決算年1回　決算日12月31日）の次の総勘定元帳の勘定残高と決算整理事項は次のとおりであった。よって、

(1) 決算整理仕訳を示しなさい。
(2) 8桁精算表を作成しなさい。
(3) 損益計算書を作成しなさい。
(4) 貸借対照表を作成しなさい。

元帳勘定残高

現　　　　金	¥ 450,000	当座預金	¥ 940,000	売　掛　金	¥ 1,000,000
貸倒引当金	15,000	繰越商品	500,000	備　　　品	500,000
買　掛　金	936,000	借　入　金	350,000	資　本　金	2,000,000
引　出　金	20,000	売　　上	5,320,000	受取手数料	25,000
仕　　　入	4,350,000	給　　料	780,000	支払利息	65,000
保　険　料	30,000	雑　　費	14,000	現金過不足(貸方)	3,000

決算整理事項

(a) 期末商品棚卸高　　　¥550,000
(b) 貸倒引当金　　売掛金の2％とする。（差額補充法）
(c) 備品減価償却高　　¥ 50,000 （直接法）
(d) 現金過不足勘定の¥3,000は雑益とする。
(e) 引出金勘定の¥20,000は整理する。

2．横浜商店（個人企業　決算年1回　決算日12月31日）の次の総勘定元帳の勘定残高と決算整理事項は次のとおりであった。よって、

(1) 決算整理仕訳を示しなさい。
(2) 8桁精算表を作成しなさい。
(3) 損益計算書を作成しなさい。
(4) 貸借対照表を作成しなさい

元帳勘定残高

現　　　　金	¥ 375,000	当 座 預 金	¥ 2,107,000	売　掛　金	¥ 2,780,000
貸 倒 引 当 金	52,000	繰 越 商 品	1,200,000	備　　　　品	680,000
買　掛　金	2,525,000	借　入　金	700,000	資　本　金	3,500,000
引　出　金	30,000	売　　　上	9,690,000	受 取 手 数 料	56,000
仕　　　入	7,650,000	給　　　料	1,530,000	支 払 利 息	35,000
保　険　料	80,000	雑　　　費	54,000	現金過不足(借方)	2,000

決算整理事項

(a) 期末商品棚卸高　　　¥1,100,000
(b) 貸倒引当金　　売掛金の5％とする。（差額補充法）
(c) 備品減価償却高　　¥ 80,000（直接法）
(d) 現金過不足勘定の¥2,000は雑損とする。
(e) 引出金勘定の¥30,000は整理する。

第20章　決算Ⅲ

　本章では第19章で学んだ決算整理事項のほかに、いくつかの別の方法による記帳法について学習する。決算整理は、間接法による減価償却の記帳、有価証券の評価、正しい損益計算を行うために費用・収益の繰り延べと費用・収益の見越しを学びさらに進んだ決算手続きを行い、残高試算表からの精算表を作成し、2区分損益計算書と控除形式の貸借対照表の作成方法について学習する。

1．減価償却費の間接法による記帳

　備品・建物・車両運搬具などの固定資産の減価償却について、記帳方法には直接法や間接法がある。直接法は第19章で学習している。ここでは、間接法について学習する。

(1) 間接法による減価償却費の記帳
　間接法は、当期の減価償却費を、備品・建物・車両運搬具などの固定資産ごとに設けた**減価償却累計額勘定**（accumulated depreciation）（固定資産勘定の評価勘定）に記入する方法である。
　間接法による減価償却の計上は、次のように仕訳する。
　減価償却費を減価償却費勘定（費用の勘定）の借方に記入するとともに、備品・建物・車両運搬具などの固定資産ごとに設けた減価償却累計額勘定の貸方に記入する。

【決算整理仕訳】
　　　（借）減価償却費　　×××　　（貸）備品減価償却累計額　　×××

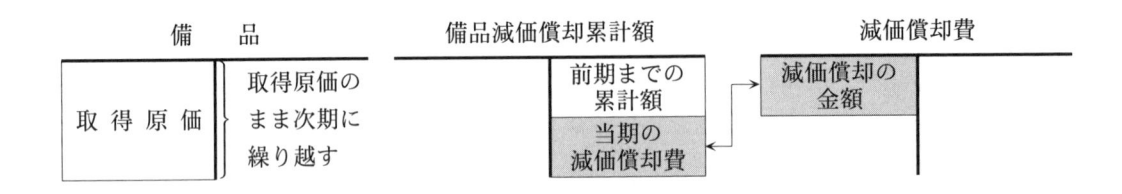

備　　品	備品減価償却累計額	減価償却費
取得原価｝取得原価のまま次期に繰り越す	前期までの累計額／当期の減価償却費	減価償却の金額

例題20－1
　次の決算整理事項の仕訳を示し、転記して締め切りなさい。ただし、決算日は12月31日とする。
　12月31日　決算（第2期）にあたり、備品（取得原価¥800,000）について、¥150,000の減価償却を行い、間接法で記帳した。

解　答

決算整理仕訳

	借方科目	金　額	貸方科目	金　額
12／31	減価償却費	150,000	備品減価償却累計額	150,000

```
            備　　品                              備品減価償却累計額
1/1 前期繰越 800,000 │12/31 次期繰越 800,000   12/31 次期繰越 350,000│12/31 前期繰越 200,000
1/1 前期繰越 800,000 │                                               │12/31 減価償却費 150,000
                                                          350,000 │         350,000
                                                                  │1/1 前期繰越 350,000

            減価償却費
12/31 備品減価  150,000 │12/31 損　益 150,000
      償却累計額
```

（2）定率法による減価償却費の計算方法

　第19章で定額法による減価償却について学習した。ここでは、減価償却が初期は多く計上され、時間が経過につれて少なくなっていく定率法について学習する。

　定率法（declining balance method）は、固定資産の未償却残高（帳簿価額）に一定率（償却率）を掛けて毎期減価償却費として計算する方法である。

　定率法による減価償却の計算式

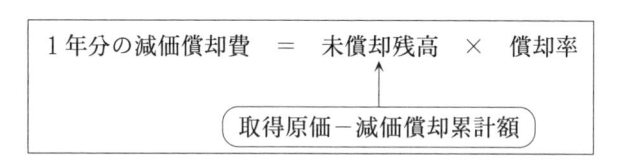

$$1\text{年分の減価償却費} = \underset{(\text{取得原価}-\text{減価償却累計額})}{\text{未償却残高}} \times \text{償却率}$$

例題20－2

　第1期に取得した備品（取得原価¥800,000）について、第1期から第3期までの減価償却費を、定率法（償却率0.25）によって計算しなさい。

　　　第1期　　¥800,000×0.25＝¥200,000
　　　第2期　　¥800,000－200,000＝600,000　　　¥600,000×0.25＝¥150,000
　　　第3期　　¥600,000－150,000＝450,000　　　¥450,000×0.25＝¥112,500

　間接法で記帳している場合、固定資産の勘定は取得原価のまま繰り越されるので、いつでも取得原価を知ることができる。また、減価償却累計額勘定では、減価償却を行うごとに減価償却費が累計されていくので、いつでもこの勘定の残高によって、減価償却費の累計額を知ることができる。したがって、固定資産の帳簿価額は、固定資産の勘定残高（取得原価）から減価償却累計額勘定の残高（減価償却費の累計額）を差し引くことによって求めることができる。

(3) 減価償却の間接法による固定資産の売却の記帳

間接法で記帳している場合、固定資産を売却したときは、その固定資産の取得原価と減価償却累計額を減少させる。

売却した固定資産の帳簿価額と売却価額との差額は、**固定資産売却益勘定**（収益の勘定）または**固定資産売却損勘定**（費用の勘定）で処理する。

例題20－3

次の取引の仕訳を示しなさい。

【固定資産売却損の場合】

9月20日　備品（取得原価¥800,000　減価償却累計額¥350,000）を¥400,000で売却し、代金は月末に受け取ることにした。

解　答

	借方科目	金　額	貸方科目	金　額
9／20	備品減価償却累計額	350,000	備　　品	800,000
	未　収　金	400,000		
	固定資産売却損	50,000		

【固定資産売却益の場合】

9月20日　備品（取得原価¥800,000　減価償却累計額¥350,000）を¥500,000で売却し、代金は月末に受け取ることにした。

解　答

	借方科目	金　額	貸方科目	金　額
9／20	備品減価償却累計額	350,000	備　　品	800,000
	未　収　金	500,000	固定資産売却損	50,000

このように売却金額によって、固定資産売却損または固定資産売却益となる。

2．有価証券の評価

貸借対照表に記載する有価証券の価額を決定することを、有価証券の評価という。

有価証券勘定には、購入時の原価（取得原価）が記入されている。しかし、市場などにおける有価証券の売買価格（時価）はたえず変動している。そこで、時価のある有価証券で売買を目的として保有しているものは、決算のときに有価証券の帳簿価額を修正しなければならない。

決算日の時価が帳簿価額より上昇した場合は、その差額を評価益として計上し、下落した場合は、

その差額を評価損として計上する。このように売買目的の有価証券は時価で評価することになる。

(1) 有価証券の評価に関する基本仕訳

① 時価が帳簿価額より下落した場合（時価＜帳簿価額）

時価と帳簿価額の差額を売買目的有価証券勘定の貸方に記入するとともに、**有価証券評価損勘定（費用の勘定）**の借方に記入する。

決算整理仕訳

（借）有価証券評価損　　×××　　（貸）売買目的有価証券　　×××

② 時価が帳簿価額より上昇した場合（時価＞帳簿価額）

時価と帳簿価額の差額を売買目的有価証券勘定の借方に記入するとともに、**有価証券評価益勘定（収益の勘定）**の貸方に記入する。

決算整理仕訳

（借）売買目的有価証券　　×××　　（貸）有価証券評価益　　×××

例題20－4

次の決算整理事項の仕訳を示し、転記して締め切りなさい。ただし、決算日は12月31日とする。

【有価証券評価損の場合】

12月31日　決算にあたり、売買目的で保有している東京商事株式会社の株式10株（帳簿価額1株につき¥70,000）を時価1株につき¥65,000に評価替えする。

解　答

決算整理仕訳

	借方科目	金　額	貸方科目	金　額
12/31	有価証券評価損	50,000	売買目的有価証券	50,000

```
          売買目的有価証券                         有価証券評価損
       700,000 12/31 有価証券評価損 50,000    12/31 売買目的有価証券 50,000 12/31 損 益 50,000
                 〃   次期繰越    650,000
       700,000                    700,000
1/1 前期繰越 650,000
```

【有価証券評価益の場合】

12月31日　決算にあたり、売買目的で保有している東京商事株式会社の株式10株（帳簿価額1株につき¥70,000）を時価1株につき¥75,000に評価替えする。

解　答
決算整理仕訳

	借方科目	金　額	貸方科目	金　額
12/31	売買目的有価証券	50,000	有価証券評価益	50,000

```
          売買目的有価証券                                   有価証券評価益
              700,000 | 12/31 次期繰越 750,000      12/31 損　益  50,000 | 12/31 売買目的有価証券 50,000
12/31 有価証券評価益 50,000 |
              750,000 |        750,000
1/1 前期繰越 750,000 |
```

3．費用・収益の繰り延べ

費用・収益の諸勘定は、ふつう収入・支出のつど帳簿に記入する。しかし、この収入・支出のなかには、次期以降に属する費用や収益が含まれていることがある。そこで、当期純損益を求めるために、次期以降に属する費用と収益を当期から除く手続きが必要となる。この手続きを**費用・収益の繰り延べ**という。

(1) 費用の繰り延べ

費用として支払った金額のうち、次期以降に属する金額（前払高）は、その金額を当期の費用の勘定から差し引くとともに、資産として次期に繰り延べる。この資産を**前払費用**（prepaid expenses）（資産の勘定）という。

前払費用には、**前払保険料・前払地代・前払家賃・前払利息**などがある。

前払費用は、資産として貸借対照表に記載されるが、次期以降の費用なので、次期の最初の日付で費用の勘定に再び振り替える。これを**再振替**といい、このための仕訳を**再振替仕訳**という。

例題20－5

次の一連の取引について仕訳を示し、各勘定に転記するとともに損益勘定以外の各勘定を締め切りなさい。なお、開始記入も行うこと。また、会計期間は1月1日から12月31日までとする。

　6月1日　火災保険料1年分¥36,000を現金で支払った。
　12月31日　決算にあたり、保険料のうち、前払分¥15,000を次期に繰り延べた。
　〃日　保険料の当期分¥21,000を損益勘定に振り替えた。
　1月1日　前払保険料¥15,000を、保険料勘定に再振替した。

解　答

	借方科目	金　額	貸方科目	金　額
6／1	保　険　料	36,000	現　　　金	36,000
12／31	前払保険料	15,000	保　険　料	15,000
〃	損　　益	21,000	保　険　料	21,000
1／1	保　険　料	15,000	前払保険料	15,000

繰り延べ期間を図表で示すと次のようになる。

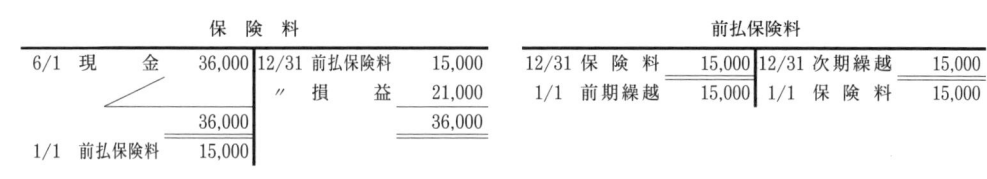

```
                        （決算日）
    6/1                 12/31              5/31
  |---|---|---|---|---|---|---|---|---|---|---|
      保険料（当期7か月分）¥21,000　前払保険料（次期5か月分）¥15,000
```

```
          保　険　料                              前払保険料
6/1 現　金  36,000 | 12/31 前払保険料 15,000    12/31 保険料 15,000 | 12/31 次期繰越 15,000
                 |   〃   損　益   21,000     1/1 前期繰越 15,000 | 1/1 保険料    15,000
           36,000 |                36,000
1/1 前払保険料 15,000|
```

(2) 消耗品費勘定の整理

　事務用文房具などの消耗品を買い入れたときは、**消耗品費勘定**（費用の勘定）の借方に記入する。期末に未使用高がある場合には、これを消耗品費勘定から**消耗品勘定**（資産の勘定）の借方に振り替える。

　消耗品は、次期以降に使用されて費用となるので、次期の最初の日付で、消耗品勘定から消耗品費勘定に再振替を行う。

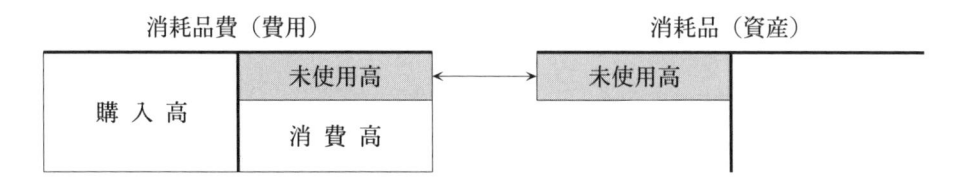

```
    消耗品費（費用）              消耗品（資産）
  ┌─────┬─────┐            ┌─────┐
  │         │ 未使用高 │ ←──→    │ 未使用高 │
  │ 購入高  ├─────┤            └─────┘
  │         │ 消費高  │
  └─────┴─────┘
```

例題20−6

　次の一連の取引について仕訳を示し、各勘定に転記するとともに損益勘定以外の各勘定を締め切りなさい。なお、開始記入も行うこと。また、会計期間は1月1日から12月31日までとする。

　10月15日　事務用文房具¥70,000を買い入れ、代金は現金で支払った。
　12月31日　決算にあたり、消耗品の未使用高¥20,000を次期に繰り延べた。
　　〃日　　消耗品費勘定の残高¥50,000を損益勘定に振り替えた。
　1月1日　　上記の消耗品¥20,000を、消耗品勘定に再振替した。

解　答

	借方科目	金　額	貸方科目	金　額
10/15	消 耗 品 費	70,000	現　　　金	70,000
12/31	消 耗 品	20,000	消 耗 品 費	20,000
〃	損　　　益	50,000	消 耗 品 費	50,000
1/1	消 耗 品 費	20,000	消 耗 品	20,000

消　耗　品　費

10/15 現　金	70,000	12/31 消耗品	20,000
		〃 損　益	50,000
	70,000		70,000
1/1 消耗品	20,000		

消　耗　品

12/31 消耗品費	20,000	12/31 次期繰越	20,000
1/1 前期繰越	20,000	1/1 消耗品費	20,000

(3) 収益の繰り延べ

収益として受け取った金額のうち、次期以降に属する金額（前受高）は、その金額を当期に収益の勘定から差し引くとともに、負債として次期に繰り延べる。この負債を**前受収益**（deferred credit）（負債の勘定）という。

前受収益には、**前受地代・前受家賃・前受利息**などがある。

前受収益は、負債として貸借対照表に記載されるが、次期以降の収益なので、次期の最初の日付で収益の勘定に再振替を行う。

例題20－7

次の一連の取引について仕訳を示し、各勘定に転記するとともに損益勘定以外の各勘定を締め切りなさい。なお、開始記入も行うこと。また、会計期間は1月1日から12月31日までとする。

　6月1日　利息1年分￥24,000を現金で受け取った。

　12月31日　決算にあたり、すでに受け取ってある利息￥24,000のうち、前受分￥10,000を次期に繰り延べた。

　　〃 日　受取利息の当期分￥14,000を損益勘定に振り替えた。

　1月1日　前受利息￥10,000を受取利息勘定に再振替した。

解　答

	借方科目	金　額	貸方科目	金　額
6/1	現　　　金	24,000	受 取 利 息	24,000
12/31	受 取 利 息	10,000	前 受 利 息	10,000
〃	受 取 利 息	14,000	損　　　益	14,000
1/1	前 受 利 息	10,000	受 取 利 息	10,000

繰り延べ期間を図表で示すと次のようになる。

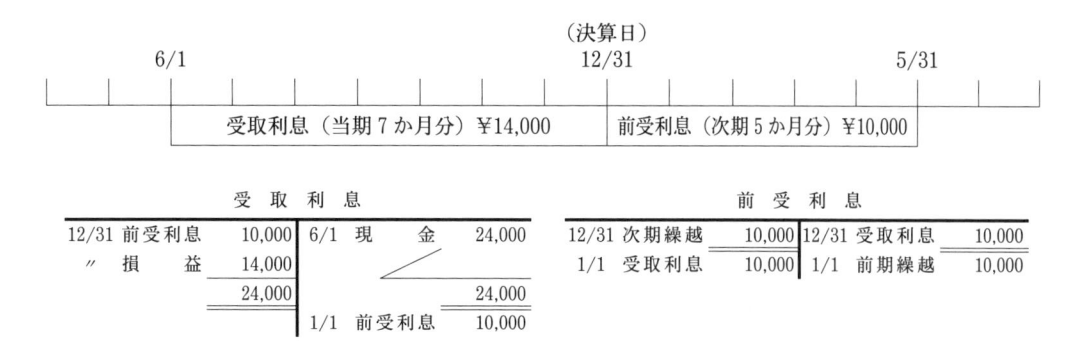

```
                              （決算日）
    6/1                        12/31                    5/31
    |――|――|――|――|――|――|――|――|――|――|――|――|
        受取利息（当期7か月分）¥14,000  前受利息（次期5か月分）¥10,000
```

受 取 利 息		前 受 利 息	
12/31 前受利息 10,000	6/1 現　金 24,000	12/31 次期繰越 10,000	12/31 受取利息 10,000
〃　　損　益 14,000		1/1 受取利息 10,000	1/1 前期繰越 10,000
24,000	24,000		
	1/1 前受利息 10,000		

4．費用・収益の見越し

　実際に収入や支出がなくても、当期の費用や収益が発生していることがある。そこで、当期純損益を求めるために、決算にあたって当期に属する費用と収益を計上しなければならない。これを費用・収益の見越しという。

(1) 費用の見越し

　まだ支払っていなくても、当期に属する費用が発生しているときは、その金額を当期の費用の勘定に加えるとともに、負債として次期に繰り越す。この負債を**未払費用**（accrued expenses）（負債の勘定）という。

　未払費用には、**未払地代・未払家賃・未払利息**などがある。

　未払費用は、負債として貸借対照表に記載されるが、次期の費用の支払額から差し引かれるので、次期の最初の日付で費用の勘定に再振替を行う。

例題20－8

　次の一連の取引について仕訳を示し、各勘定に転記するとともに損益勘定以外の各勘定を締め切りなさい。なお、開始記入も行うこと。また、会計期間は1月1日から12月31日までとする。

　12月31日　決算にあたり、当期の家賃未払額¥28,000を計上した。
　　〃日　支払家賃の当期分¥84,000を損益勘定に振り替えた。
　 1月 1日　未払家賃¥28,000を支払家賃勘定に再振替した。
　 1月31日　家賃¥35,000を現金で支払った。

解 答

	借方科目	金 額	貸方科目	金 額
12/31	支 払 家 賃	28,000	未 払 家 賃	28,000
〃	損 益	84,000	支 払 家 賃	84,000
1／1	未 払 家 賃	28,000	支 払 家 賃	28,000
1／31	支 払 家 賃	35,000	現 金	35,000

見越し期間を図表で示すと次のようになる。

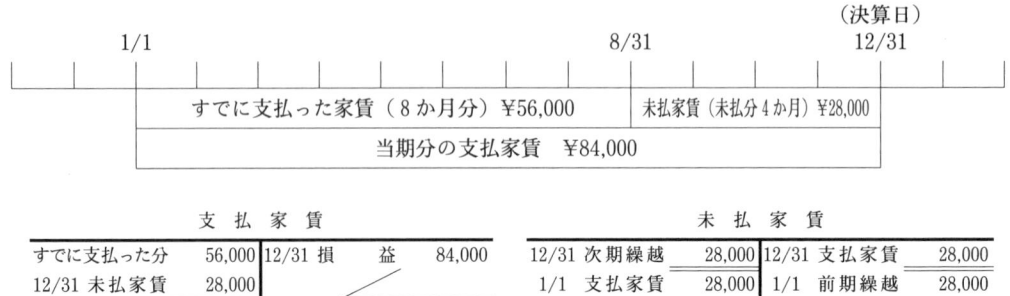

```
                                              （決算日）
    1/1                            8/31          12/31
     ├─────────────────────────────┼──────────────┤
     │ すでに支払った家賃（8か月分）¥56,000 │ 未払家賃（未払分4か月）¥28,000 │
     │         当期分の支払家賃  ¥84,000            │
```

```
          支 払 家 賃                           未 払 家 賃
すでに支払った分  56,000 │12/31 損  益  84,000    12/31 次期繰越  28,000 │12/31 支払家賃  28,000
12/31 未払家賃    28,000 │                        1/1  支払家賃   28,000 │1/1 前期繰越    28,000
                  84,000 │              84,000
1/31 現   金     35,000 │1/1 未払家賃  28,000
```

(2) 収益の見越し

まだ収入になっていなくても、当期に属する収益が発生しているときは、その金額を当期の収益の勘定に加えるとともに、資産として次期に繰り越す。この資産を**未収収益**（accrued revenue）（資産の勘定）という。

未収収益には、**未収地代・未収家賃・未収利息**などがある。

未収収益は、資産として貸借対照表に記載されるが、次期の収入から差し引かれるので、次期の最初の日付で収益の勘定に再振替を行う。

例題20－9

次の一連の取引について仕訳を示し、各勘定に転記するとともに損益勘定以外の各勘定を締め切りなさい。なお、開始記入も行うこと。また、会計期間は1月1日から12月31日までとする。

12月31日　決算にあたり、当期の地代未収額¥20,000を計上した。
　〃日　受取地代の当期分¥60,000を損益勘定に振り替えた。
1月1日　未収地代¥20,000を受取地代勘定に再振替した。
1月31日　地代¥25,000を現金で受け取った。

解　答

	借方科目	金　額	貸方科目	金　額
12/31	未 収 地 代	20,000	受 取 地 代	20,000
〃	受 取 地 代	60,000	損　　　益	60,000
1/1	受 取 地 代	20,000	未 収 地 代	20,000
1/31	現　　　金	25,000	受 取 地 代	25,000

見越し期間を図表で示すと次のようになる。

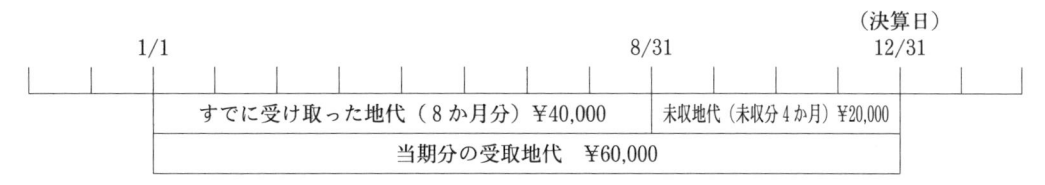

```
                                                           （決算日）
   1/1                              8/31           12/31
   |―――――――――――――――――――|――――――|
   |  すでに受け取った地代（8か月分）¥40,000 | 未収地代（未収分4か月）¥20,000 |
   |       当期分の受取地代　¥60,000                 |
```

```
        受　取　地　代                              未　収　地　代
12/31 損　益    60,000 | すでに受取っている分 40,000    12/31 受取地代 20,000 | 12/31 次期繰越 20,000
                      | 12/31 未収地代   20,000     1/1 前期繰越 20,000 | 1/1 受取地代  20,000
              60,000 |                60,000
 1/1 未収地代 20,000 | 1/31 現　金       25,000
```

ポイント（繰り延べと見越しのまとめ）

〔繰り延べ〕
　　費用の繰延べ・・・・前払費用・・・・資産となる
　　収益の繰延べ・・・・前受収益・・・・負債となる

〔見越し〕
　　費用の見越し・・・・未払費用・・・・負債となる
　　収益の見越し・・・・未収収益・・・・資産となる

貸借対照表

資　産	負　債
前払費用	前受収益
未収収益	未払費用

5．8桁精算表の作成

これまで学んだ決算整理事項を含む8桁精算表を学習する。

例題20－10

　　大阪商店（個人企業　決算年1回　会計期間平成〇年1月1日から12月31日）の次の残高試算表と

決算整理事項によって、決算整理仕訳を示し、8桁精算表を作成しなさい。

残 高 試 算 表
平成○年12月31日

借 方	元丁	勘 定 科 目	貸 方
230,000	1	現　　　　　金	
5,000	2	現 金 過 不 足	
1,350,000	3	当 座 預 金	
500,000	4	受 取 手 形	
900,000	5	売 掛 金	
	6	貸 倒 引 当 金	20,000
700,000	7	売買目的有価証券	
650,000	8	繰 越 商 品	
300,000	9	貸 付 金	
400,000	10	備　　　　　品	
	11	備品減価償却累計額	100,000
1,000,000	12	土　　　　　地	
	13	支 払 手 形	370,000
	14	買 掛 金	620,000
	15	資 本 金	4,000,000
50,000	16	引 出 金	
	17	売　　　　　上	3,880,000
	18	受 取 地 代	40,000
	19	受 取 利 息	24,000
2,020,000	20	仕　　　　　入	
720,000	21	給　　　　　料	
56,000	22	支 払 家 賃	
70,000	23	消 耗 品 費	
36,000	24	保 険 料	
67,000	25	雑　　　　　費	
9,054,000			9,054,000

決算整理事項

a．期末商品棚卸高　　¥600,000

b．貸 倒 引 当 金　　受取手形と売掛金の期末残高に対し、それぞれ2％とする。
　　　　　　　　　　ただし、差額補充法（差額を計上する方法）によること。

c．有価証券評価高　　売買を目的として保有する東京商事株式会社の株式10株（帳簿価額1株
　　　　　　　　　　¥70,000）であり、1株につき¥65,000に評価替えする。

d．備品減価償却高　　取得原価￥400,000　残存価額は零（０）　耐用年数８年とし、定額法による。
e．消耗品未使用高　　￥20,000
f．保険料前払高　　￥15,000
g．利息前受高　　￥10,000
h．家賃未払高　　￥28,000
i．地代未収高　　￥20,000
j．現金過不足￥5,000は雑損とする。
k．引出金￥50,000は整理すること。

解　答
決算整理仕訳

	借方科目	金　額	貸方科目	金　額
a.	仕　　入	650,000	繰越商品	650,000
	繰越商品	600,000	仕　　入	600,000
b.	貸倒引当金繰入	8,000	貸倒引当金	8,000
c.	有価証券評価損	50,000	売買目的有価証券	50,000
d.	減価償却費	50,000	備品減価償却累計額	50,000
e.	消耗品	20,000	消耗品費	20,000
f.	前払保険料	15,000	保険料	15,000
g.	受取利息	10,000	前受利息	10,000
h.	支払家賃	28,000	未払家賃	28,000
i.	未収地代	20,000	受取地代	20,000
j.	雑損	5,000	現金過不足	5,000
k.	資本金	50,000	引出金	50,000

精算表
平成○年12月31日　　　（単価：円）

勘定科目	残高試算表 借方	残高試算表 貸方	整理記入 借方	整理記入 貸方	損益計算書 借方	損益計算書 貸方	貸借対照表 借方	貸借対照表 貸方
現　　　金	230,000						230,000	
現金過不足	5,000			j. 5,000				
当 座 預 金	1,350,000						1,350,000	
受 取 手 形	500,000						500,000	
売 　掛 　金	900,000						900,000	
貸倒引当金		20,000		b. 8,000				28,000
売買目的有価証券	700,000			c. 50,000			650,000	
繰 越 商 品	650,000		a. 600,000	a. 650,000			600,000	
貸 　付 　金	300,000						300,000	
備　　　品	400,000						400,000	
備品減価償却累計額		100,000		d. 50,000				150,000
土　　　地	1,000,000						1,000,000	
支 払 手 形		370,000						370,000
買 　掛 　金		620,000						620,000
資 　本 　金		4,000,000	k. 50,000					3,950,000
引 　出 　金	50,000			k. 50,000				
売　　　上		3,880,000				3,880,000		
受 取 地 代		40,000		i. 20,000		60,000		
受 取 利 息		24,000	g. 10,000			14,000		
仕　　　入	2,020,000		a. 650,000	a. 600,000	2,070,000			
給　　　料	720,000				720,000			
支 払 家 賃	56,000		h. 28,000		84,000			
消 耗 品 費	70,000			e. 20,000	50,000			
保 　険 　料	36,000			f. 15,000	21,000			
雑　　　費	67,000				67,000			
	9,054,000	9,054,000						
貸倒引当金繰入			b. 8,000		8,000			
有価証券評価損			c. 50,000		50,000			
減価償却費			d. 50,000		50,000			
前払保険料			f. 15,000				15,000	
消 耗 品			e. 20,000				20,000	
前 受 利 息				g. 10,000				10,000
未 払 家 賃				h. 28,000				28,000
未 収 地 代			i. 20,000				20,000	
雑　　　損			j. 5,000		5,000			
当期純利益					829,000			829,000
			1,506,000	1,506,000	3,954,000	3,954,000	5,985,000	5,985,000

6．損益計算書と貸借対照表

(1) 損益計算書の作成

損益計算書は、一会計期間におけるすべての収益と費用、および純損益を記載して、企業の経営成績を明らかにする。このため、損益計算書では、ふつう、収益と費用を発生別に区分して表示する必要がある。このような損益計算書を**区分損益計算書**という。ここでは2区分の損益計算書について学習する。

2区分の損益計算書では、売上総利益（または売上総損失）を計算する区分と、当期純利益（または当期純損失）を計算する区分の二つに分けて記載する形式の損益計算書である。

〔第1区分〕

売上総利益は売上高から売上原価を差し引き計算される。売上原価は、期首商品棚卸高＋当期純仕入高－期末商品棚卸高で計算され、それを損益計算書に表示する。

〔第2区分〕

第1区分で計算された売上総利益とその他の収益の合計額から、その他費用の合計額を差し引いて、当期純利益を計算する。

例題20－11

例題20－10の大阪商店（個人企業　決算年1回　会計期間平成○年1月1日から12月31日）の次の残高試算表と決算整理事項によって、2区分損益計算書を作成しなさい。

解　答

損　益　計　算　書

大阪商店　　平成○年1月1日から平成○年12月31日まで　　（単位：円）

費　用	金　額	収　益	金　額
期首商品棚卸高	650,000	売　上　高	3,880,000
仕　入　高	2,020,000	期末商品棚卸高	600,000
売上総利益	1,810,000		
	4,480,000		4,480,000
給　　料	720,000	売上総利益	1,810,000
貸倒引当金繰入	8,000	受取地代	60,000
減価償却費	50,000	受取利息	14,000
支払家賃	84,000		
消耗品費	50,000		
保険料	21,000		
雑　　費	67,000		
有価証券評価損	50,000		
雑　　損	5,000		
当期純利益	829,000		
	1,884,000		1,884,000

売上原価 2,070,000 ｛期首商品棚卸高 + 仕入高｝

売上総利益を計算する区分

当期純利益を計算する区分

(2) 貸借対照表の作成

　貸借対照表は、会計期末における資産および負債・純資産の内容を記載して、企業の財政状態を明らかにするものである。貸借対照表の形式にもいろいろあるが、ここでは借方に資産、貸方に負債と純資産を記載する勘定式について学習する。勘定式貸借対照表を作成する際、売上債権（受取手形・売掛金）の貸倒引当金と備品や建物からの減価償却累計額を引く形式（**控除式**）で示す。

例題20－12

　例題20－10の大阪商店（個人企業　決算年1回　会計期間平成○年1月1日から12月31日）の次の残高試算表と決算整理事項によって、貸借対照表を作成しなさい。

解　答

貸　借　対　照　表

大阪商店　　　　　　　　　平成○年12月31日　　　　　　（単位：円）

資　産	金　額	負債及び資産	金　額
現　　　金	230,000	支 払 手 形	370,000
当 座 預 金	1,350,000	買　掛　金	620,000
受取手形 500,000		前 受 利 息	10,000
貸倒引当金 10,000	490,000	未 払 家 賃	28,000
売　掛　金 900,000		資　本　金	3,950,000
貸倒引当金 18,000	882,000	当 期 純 利 益	829,000
有 価 証 券	650,000		
商　　　品	600,000		
消 耗 品	20,000		
貸　付　金	300,000		
前 払 保 険 料	15,000		
未 収 地 代	20,000		
備　　品 400,000			
減価償却累計額 150,000	250,000		
土　　　地	1,000,000		
	5,807,000		5,807,000

勘定ごとに控除する方法（受取手形・貸倒引当金、売掛金・貸倒引当金）

控除する形式で記載（備品・減価償却累計額）

【練習問題】

　京都商店（個人企業　決算年1回　会計期間平成○年1月1日から12月31日）の次の総勘定元帳勘定残高と決算整理事項によって、

(1)　決算整理仕訳を示しなさい。
(2)　8桁精算表を作成しなさい。
(3)　2区分損益計算書を作成しなさい。
(4)　貸借対照表を作成しなさい。

元帳勘定残高

現　　　　　金	¥ 434,000	当 座 預 金	¥2,450,000	受 取 手 形	¥1,300,000
売　掛　　金	1,840,000	貸 倒 引 当 金	126,000	売買目的有価証券	1,620,000
繰 越 商 品	1,170,000	備　　　　品	1,080,000	備品減価償却累計額	486,000
支 払 手 形	950,000	買 　掛　 金	1,230,000	前 　受 　金	84,000
借 　入 　金	500,000	資 　本 　金	6,500,000	売　　　　上	9,893,000
受 取 手 数 料	55,000	仕　　　　入	7,545,000	給　　　　料	1,802,000
支 払 家 賃	260,000	保 　険 　料	264,000	消 耗 品 費	21,000
雑　　　　費	38,000				

決算整理事項

a．期末商品棚卸高　　¥1,290,000

b．貸 倒 引 当 金　　受取手形と売掛金の期末残高に対し、それぞれ5％とする。
　　　　　　　　　　　ただし、差額を計上する方法によること。

c．備品減価償却高　　取得原価¥1,080,000　残存価額は零（0）　耐用年数8年とし、定額法
　　　　　　　　　　　によること。

d．有価証券評価高　　有価証券は、売買を目的保有する東京物産株式会社の株式30株（帳簿価
　　　　　　　　　　　額@¥54,000）であり、1株につき¥56,000に評価替えする。

e．消耗品未使用高　　¥13,000

f．保険料前払高　　　保険料のうち、¥144,000は、本年11月1日から期間1か年分としての契
　　　　　　　　　　　約した火災保険に対するものであり、前払高を次期に繰り延べる。

g．利 息 未 払 高　　借入金に対する利息は6か月で¥24,000であり、4か月分の利息の未払
　　　　　　　　　　　高を計上する。

第21章　帳簿組織

　ここでは、企業が用いる帳簿にはどのような種類や役割があるのか、業務の分担を行ったとき、どのような帳簿組織を用いればよいのかを学習する。また、企業が業務を行う上での制度と帳簿の関係や、帳簿の形式についても学習する。

1．帳簿の種類

　簿記における帳簿は、企業の日々の活動を一定のルールにしたがって継続的に記録したものである。その記録は、金銭や物品などの財産の管理や純損益の計算、さらに貸借対照表や損益計算書などの財務諸表作成のための基礎資料となる役割を持っている。
　また、帳簿には**主要簿**と**補助簿**がある。
　主要簿は、複式簿記では欠くことができない帳簿で、すべての取引を日付順に記帳する。これには仕訳帳と総勘定元帳がある。
　補助簿は、特定の取引や勘定についての明細が記入され、主要簿の記録を補うとともに、総勘定元帳と照合するという機能も持っている。これには補助記入帳と補助元帳がある。おもな帳簿について整理すると、次のようになる。

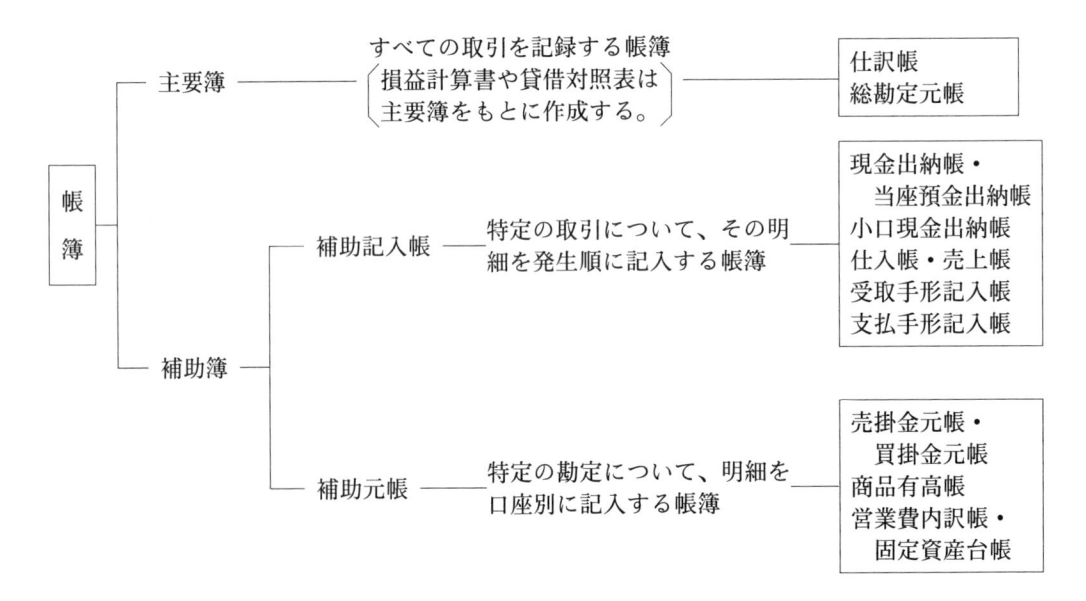

```
              ┌ 主要簿 ──── すべての取引を記録する帳簿      ──── 仕訳帳
              │              (損益計算書や貸借対照表は          総勘定元帳
              │               主要簿をもとに作成する。)
              │
              │                                              現金出納帳・
  帳          │              特定の取引について、その明       当座預金出納帳
  簿 ─────────┤ 補助記入帳 ── 細を発生順に記入する帳簿       小口現金出納帳
              │                                              仕入帳・売上帳
              │                                              受取手形記入帳
              │                                              支払手形記入帳
              │
              │                                              売掛金元帳・
              │              特定の勘定について、明細を       買掛金元帳
              └ 補助元帳  ── 口座別に記入する帳簿            商品有高帳
                                                             営業費内訳帳・
                                                             固定資産台帳
```

2．分課制度と帳簿組織

　企業の規模が大きくなると取引数が増加し、業務も複雑になってくる。そこで企業は、その内部をいくつかの課・係に細分化して、業務を分担させるようになる。このようなしくみを**分課制度**という。

　分課制度が行われると業務の分担に応じて、帳簿への記入を分担させることができ、記帳事務が能率的になる。また、責任の所在も明らかにすることができる。この場合、取引をどの帳簿にどのように記帳させるかなど、それぞれの帳簿間に密接な関連を持たせ、全体として統一のとれたしくみにすることが大切である。このような帳簿全体のしくみを**帳簿組織**という。

　分課制度と帳簿組織は次のように示すことができる。

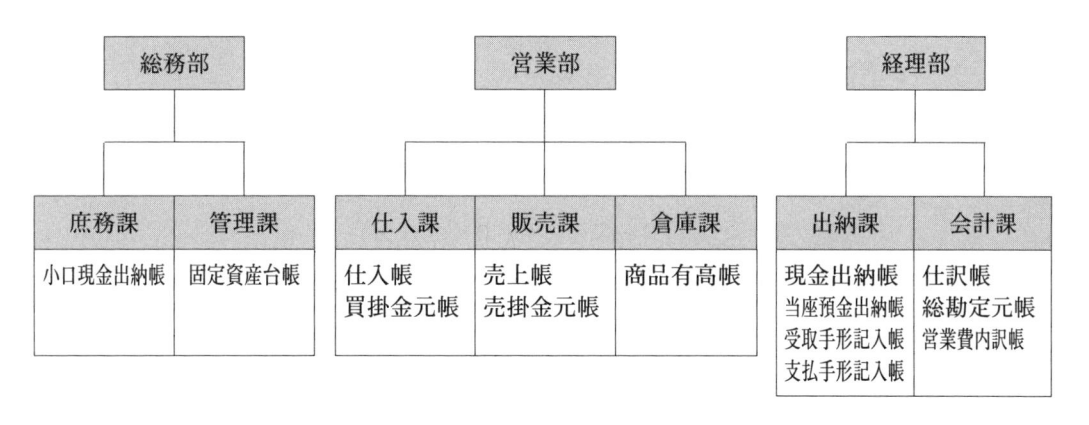

```
         総務部                   営業部                       経理部
    ┌─────┬─────┐      ┌─────┬─────┬─────┐        ┌─────┬─────┐
    庶務課  管理課      仕入課  販売課  倉庫課         出納課   会計課
  小口現金  固定資産   仕入帳  売上帳  商品有高帳    現金出納帳   仕訳帳
  出納帳    台帳       買掛金  売掛金                当座預金出納帳 総勘定元帳
                      元帳    元帳                  受取手形記入帳 営業費内訳帳
                                                    支払手形記入帳
```

　このような分課制度のもとで帳簿記入を行うと、1つの取引を複数の係で記帳することになるので、記帳上の不正や誤りをふせぐことができる。このようなしくみを**内部けん制制度**という。

3．帳簿の形式

　帳簿の形式にはいろいろあるが、いずれの形式の帳簿を使用してもよい。それぞれの長所・短所に応じて、どの帳簿をどの形式にするかを決める必要がある。なお、商法第19条では、企業は、適時に、正確な商業帳簿（会計帳簿および貸借対照表をいう。）を作成し、10年間保存しなければならないと定められている。

(1) つづり込み式帳簿
　用紙が本のように製本されている帳簿で、あらかじめページ数が印刷されている。
　　［長　所］　●用紙の散乱・紛失がないので、帳簿としての信頼性が高い。
　　［短　所］　●用紙の補充ができない。帳簿を複数の人が分担して記帳する場合に不便である。

(2) ルーズリーフ式帳簿

帳簿の用紙が1枚1枚抜き差しできるようにバインダーでファイルした帳簿である。

　　［長　所］　●口座や用紙の補充を随時行うことができる。
　　［短　所］　●用紙の紛失などがないように注意が必要である。

(3) 電子帳簿

紙ではなく、磁気ディスクなどに電子データとして保存された帳簿である。この形式の帳簿は、近年の会計処理のコンピュータ化に伴い、広く用いられている。

　　［長　所］　●取引データを入力するだけで、迅速に会計処理ができ、転記ミスなどがない。
　　　　　　　●処理の結果をいろいろな帳票の形式に出力できる。
　　　　　　　●会計情報をグラフ化し、経営管理に利用できる。
　　［短　所］　●入力ミスがあると、関連するすべての出力結果も不正確となる。
　　　　　　　●コンピュータのトラブルによるデータの消失などの危険性がある。

【練習問題】

1．次の文の（　）の中に適切な用語を記入しなさい。
　(1) 帳簿は、主要簿と（　　　　）の2種類に大別される。
　(2) 規模の大きな企業では、業務が複雑になるので、（　　　　）を採用して企業内部を課や係に分けて、業務を分担させている。
　(3) 帳簿の形式には（　　　）や（　　　）また、近年用いられるようになった電子帳簿などがある。

2．次の帳簿を、補助記入帳と補助元帳に分類しなさい。
　(1)　当座預金出納帳　　(2)　受取手形記入帳　　(3)　商品有高帳　　(4)　小口現金出納帳
　(5)　売上帳　　　　　　(6)　売掛金元帳　　　　(7)　現金出納帳　　(8)　仕入帳
　(9)　買掛金元帳

3．次の取引が記入される補助簿名を答えなさい。
　(1) 商品を仕入れ、代金のうち半額は小切手を振り出して支払い、残額は掛けとした。
　(2) 商品を売り渡し、代金のうち半額は得意先振り出しの小切手で受け取り、残額は同店振り出しの約束手形で受け取った。
　(3) 買掛金の支払いにあたり、代金の一部は得意先あての為替手形を振り出し、同店の引き受けを得て渡し、残額は小切手を振り出して支払った。

第22章　3伝票制による記帳

　ここでは、企業が用いる伝票の意義とその記帳方法について学習する。仕訳帳のかわりに伝票を用いた場合、どのように処理をすればよいか。また、伝票制度には3伝票制と5伝票制があるが、本章では3伝票制についてとりあげ、仕訳伝票や入金・出金・振替の3伝票の記入法、仕訳集計表の作成と総勘定元帳への転記について学習する。

1．証憑と伝票

(1)　証憑
　取引の記帳は、取引の事実を証明する書類にもとづいて行われる。この書類を証憑という。証憑には、取引先から送られてくる納品書（送り状）・請求書・領収証などの書類や取引先に渡した手形・小切手・納品書の控えなどがある。証憑は重要な証拠書類なので、取引の順序や種類別に分類し整理して、大切に保管しなければならない。

(2)　伝票
　企業では、証憑にもとづいて、取引の内容を記録するさいに、一定の大きさと形式を備えた紙片を用意し、これに記入する方法がひろく用いられている。この方法で用いられる紙片を伝票という。また、取引の内容にしたがって、伝票を作成することを起票といい、起票した伝票にもとづき、総勘定元帳や補助簿へ転記する。

2．仕訳伝票

　取引を仕訳の形式で、1取引ごとに1枚ずつ記入する伝票を仕訳伝票という。仕訳伝票には起票順に番号を記入するので、それをつづり合わせると仕訳帳の役割を果たすことができる。仕訳伝票だけを用いる方法を1伝票制という。

例題22－1
　1月5日　福岡商店に次の商品を売り渡し代金のうち¥50,000は同店振り出しの小切手＃025で
　　　　　受け取り、残額は掛けとした。（伝票番号　No.45）
　　　　　A品　　　500個　　　＠¥350　　　¥175,000

No.45	仕 訳 伝 票			検印	係印	係印
	平成 ○ 年 1 月 5 日			○	○	○

勘定科目	元丁	借 方	勘定科目	元丁	貸 方
現　金	1	50000	売　上	31	175000
売掛金	4	125000			
合　計		175000	合　計		175000
摘要	福岡商店　A品　500個　@¥350　小切手＃025受け取り				

3．3伝票制

　取引を現金の収支があったかどうかという点から分類すると、①入金取引　②出金取引　③振替取引に分けることができる。これらの３つの取引について、入金取引は**入金伝票**、出金取引は**出金伝票**、入出金以外の取引は**振替伝票**というように、３種類の伝票で起票する方法を**３伝票制**という。

(1) 入金伝票の起票

　入金取引は、すべて借方科目が「現金」となるから、入金伝票は、「現金」の科目を省略する。科目欄には相手勘定科目（貸方科目）、金額欄には入金額を記入する。伝票の種類を色で分かりやすくするため、入金伝票はふつう、赤色で印刷されている。また、入金取引で貸方科目が２つ以上になる場合は、貸方科目の１科目ごとに入金伝票を起票する。

例題22－2
　１月10日　博多商店に次の商品を売り渡し、代金は現金で受け取った。（伝票番号№51）
　　　　　　SQシャープペンシル　　50ダース　　@¥600　　¥30,000

1／10 （借）現　　金　30,000　（貸）売　　上　30,000

貸方の勘定科目を記入 →

```
入　金　伝　票   No.51   検印 係印 係印
平成○年 1月 10日        ○  ○  ○
科目 売 上  入金先 博多商店 殿
     摘　　要            金　　額
SQシャープペンシル
50ダース@¥600          3 0 0 0 0


           合　　計     3 0 0 0 0
```

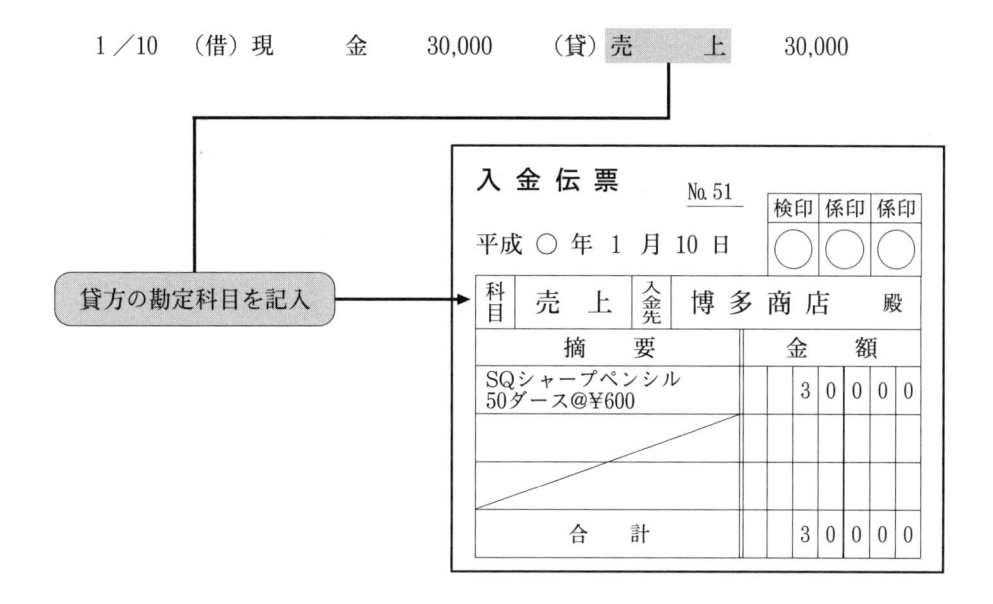

例題22－3

1月11日　北九州商店から売掛金¥120,000と注文の内金¥30,000をともに同店振り出しの小切手
　　　　＃112で受け取った。
　　（伝票番号№55、№56）　　（注）入金伝票は略式で示す。

　　　1／11　（借）現　　金　120,000　（貸）売　掛　金　120,000
　　　　　　　（借）現　　金　 30,000　（貸）前　受　金　 30,000

```
    入 金 伝 票    No.55            入 金 伝 票    No.56
        1月11日                         1月11日
（ 売 掛 金 ）  120,000            （ 前 受 金 ）   30,000
  北 九 州 商 店
```

(2) 出金伝票の起票

　出金取引は、すべて貸方科目が「現金」となるから、出金伝票は「現金」の科目を省略する。科目欄には相手勘定科目（借方科目）、金額欄には出金額を記入する。出金伝票は、ふつう青色で印刷されている。出金取引でも、借方科目が2つ以上になる場合は、借方科目の1科目ごとに出金伝票を起票する。

例題22－4

1月13日　糸島商店から次の商品を仕入れ、代金は現金で支払った。（伝票番号No.102）
　　　　　バインダーＢ４型　　30ダース　　＠¥3,000　　¥90,000

　　　　1／13　（借）仕　　入　90,000　　（貸）現　　金　90,000

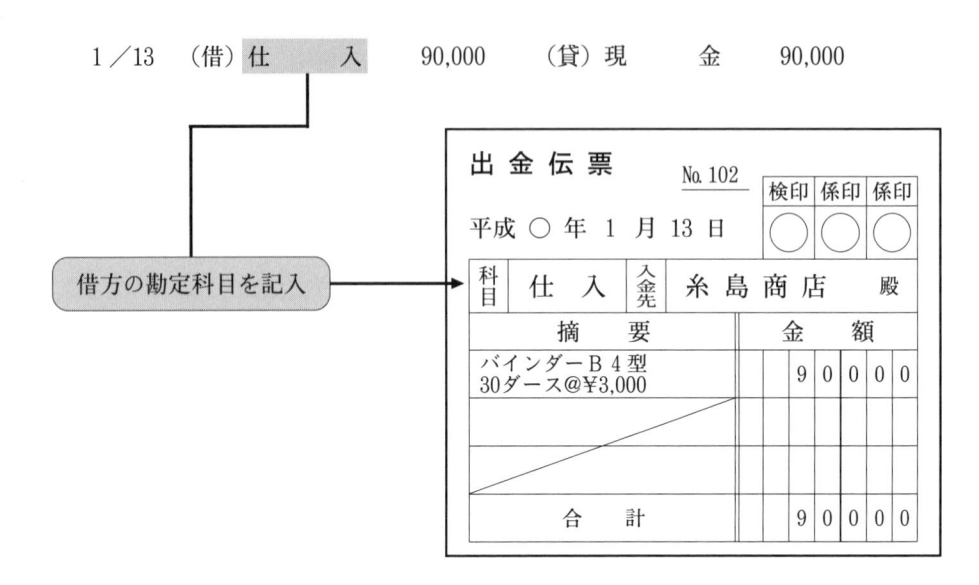

借方の勘定科目を記入

出金伝票	No. 102	検印	係印	係印

平成 ○ 年 1 月 13 日

科目	仕　入	入金先	糸島商店　殿

摘　要	金　額
バインダーＢ４型 30ダース＠¥3,000	90,000
合　計	90,000

(3) 振替伝票の起票

　入金取引・出金取引以外の取引は振替取引といい、振替伝票に仕訳の形式で記入する。振替伝票はふつう青色または黒色で印刷されている。

例題22－5

1月23日　春日商店に対する買掛金¥100,000を、小切手＃205を振り出して支払った。（伝票番号No.18）

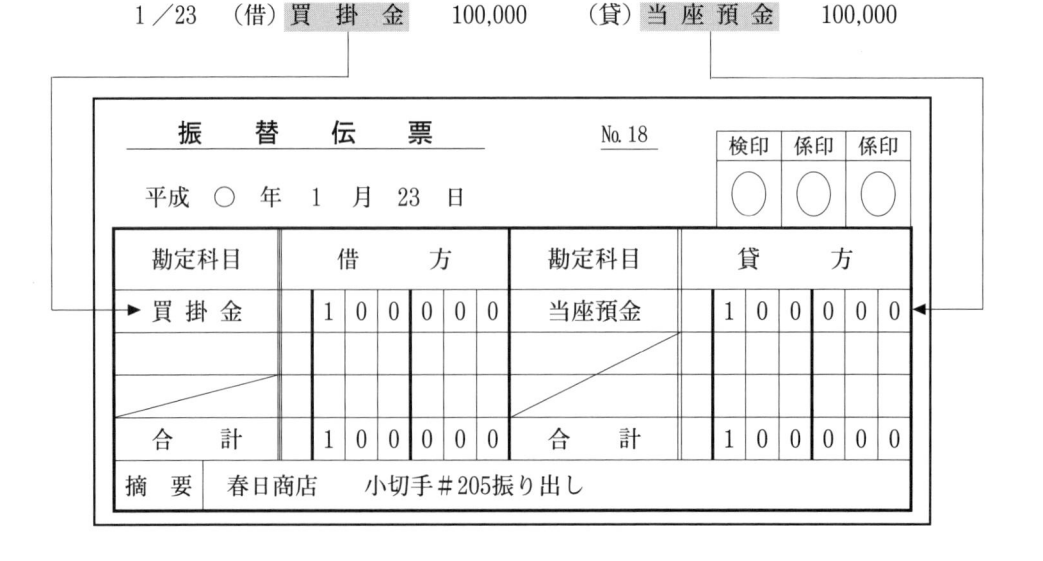

　　　　1／23　（借）買　掛　金　100,000　　（貸）当　座　預　金　100,000

振　替　伝　票	No. 18	検印	係印	係印

平成 ○ 年 1 月 23 日

勘定科目	借　方	勘定科目	貸　方
買掛金	100,000	当座預金	100,000
合　計	100,000	合　計	100,000

摘　要	春日商店　小切手＃205振り出し

1つの振替取引で、借方または貸方の勘定科目が2つ以上ある場合は、下記の例のように1枚の振替伝票に借方・貸方の勘定科目が1科目になるように記入する。

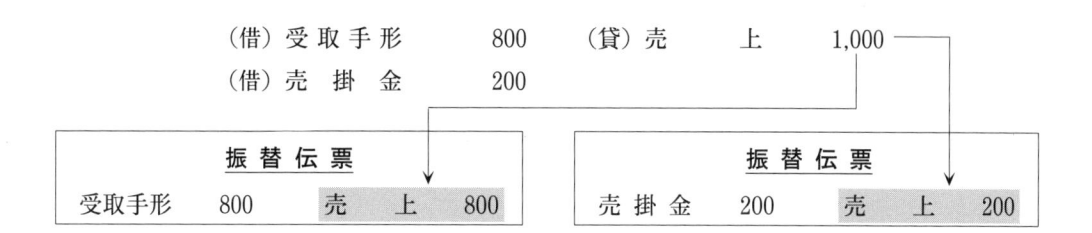

（借）受 取 手 形	800	（貸）売　　上	1,000
（借）売 掛 金	200		

振 替 伝 票			振 替 伝 票	
受取手形　800	売　上　800		売 掛 金　200	売　上　200

また、1つの取引に現金取引と振替取引が含まれている場合は、現金取引の部分について入金伝票または出金伝票に記入し、振替取引の部分については振替伝票に記入する。

例題22-6

1月25日　福岡商店に次の商品を売り上げ、代金のうち¥100,000は同店振り出しの約束手形＃11で受け取り、残額は現金で受け取った。（振替伝票番号№19、入金伝票№57）
SX万年筆　20ダース　@¥12,000　¥240,000

	借方科目	金　額	貸方科目	金　額
1/25	受 取 手 形	100,000	売　　上	240,000
	現　　金	140,000		

この仕訳を伝票に記入する場合、次のように2つに分けて、①は振替伝票に、②は入金伝票に記入する。（注）伝票は略式で示す。

	借方科目	金　額	貸方科目	金　額	
①	受 取 手 形	100,000	売　　上	100,000	…振替伝票へ
②	現　　金	140,000	売　　上	140,000	…入金伝票へ

①の仕訳

振 替 伝 票　　No.19
1月25日
受取手形　100,000　売　上　100,000

②の仕訳

入 金 伝 票　　No.57
1月25日
売　　上　　　　140,000

しかし、このような商品売買取引では、売上勘定に記入する金額が、1つの取引にもかかわらず2枚の伝票に分割されてしまうことになり、分類や集計などに不便である。そこで、このような取引については、いったん全額を掛け取引として振替伝票に記入し、次に代金の受け払いの額を別の伝票に記入する方法をとることが多い。

例題22－7

例題22－6の取引を、いったん全額掛け取引として振替伝票に記入し、次に、代金の受け払いを別の伝票に記入する方法で処理した。

この場合は、次のように分けて3枚の伝票に記入する。

①全額を掛け取引として仕訳する。

　　（借）売　掛　金　　240,000　　（貸）売　　　上　　240,000　…………振替伝票へ

②掛け代金の一部￥100,000を、約束手形で受け取った仕訳をする。

　　（借）受　取　手　形　100,000　　（貸）売　掛　金　　100,000　…………振替伝票へ

③掛け代金の一部￥140,000を、現金で受け取った仕訳をする。

　　（借）現　　　金　　140,000　　（貸）売　掛　金　　140,000　…………入金伝票へ

振　替　伝　票　　No.19
1月25日
売　掛　金　240,000　売　上　240,000
（福岡商店）

振　替　伝　票　　No.20
1月25日
受取手形　100,000　売　掛　金　100,000
（福岡商店）

入　金　伝　票　　No.57
1月25日
売　掛　金　　140,000
（福岡商店）

商品の売買取引を、このようにいったん全額掛け取引として処理すると、売掛金元帳や買掛金元帳の記録から、取引先ごとの売上高や仕入高を容易に知ることができ、便利である。

振替伝票は、次のように中央にミシン線を入れて、左側（借方票）と右側（貸方票）に切り離す形式のものもある。

この形式の伝票を用いると、総勘定元帳に転記する場合、同じ勘定科目を集計・転記するとき効率的である。

振　替　伝　票（借方） No.18			振　替　伝　票（貸方） No.18		
平成○年 1 月 23 日	検印○ 係印○ 係印○		平成○年 1 月 23 日	検印○ 係印○ 係印○	
勘定科目	金　　額		勘定科目	金　　額	
買　掛　金	1 0 0 0 0 0		当　座　預　金	1 0 0 0 0 0	
合　　計	1 0 0 0 0 0		合　　計	1 0 0 0 0 0	
摘　要　春日商店			摘　要　小切手#205振り出し		

例題22－8

福岡商店の次の1月25日の取引について、入金伝票・出金伝票・振替伝票への記入を考えてみよう。ただし、商品の売買取引の記入は、全額を掛け取引として処理する方法による。（伝票は略式にて示す）

(1) 鹿児島商店から商品¥200,000を仕入れ、代金のうち¥60,000は現金で支払い、残額は掛けとした。
(2) 宮崎商店に商品¥160,000を売り渡し、代金は掛けとした。
(3) 熊本商店に対する買掛金¥100,000を現金で支払った。
(4) 久留米商店に商品¥250,000を売り渡し、代金のうち¥150,000は現金で受け取り、残額は掛けとした。
(5) 宮崎商店に対する売掛金¥160,000を、同店振り出しの小切手で受け取った。
(6) 那覇商店から、商品¥180,000を掛けで仕入れた。

(解答)

(1)

| 振替伝票（借方） No.25
1月25日
仕　　入　　200,000 | 振替伝票（貸方） No.25
1月25日
買　掛　金　　200,000
（鹿児島商店） |

| 出金伝票　　　　　No.118
1月25日
買　掛　金　　60,000
（鹿児島商店） |

(2)

| 振替伝票（借方） No.26
1月25日
売　掛　金　　160,000
（宮崎商店） | 振替伝票（貸方） No.26
1月25日
売　　上　　160,000 |

(3)

| 出金伝票　　　　　No.119
1月25日
買　掛　金　　100,000
（熊本商店） |

(4)

| 振替伝票（借方） No.27
1月25日
売　掛　金　　250,000
（久留米商店） | 振替伝票（貸方） No.27
1月25日
売　　上　　250,000 |

| 入金伝票　　　　　No.63
1月25日
売　掛　金　　150,000
（久留米商店） |

(5)

| 入金伝票　　　　　No.64
1月25日
売　掛　金　　160,000
（宮崎商店） |

(6)

| 振替伝票（借方） No.28
1月25日
仕　　入　　180,000 | 振替伝票（貸方） No.28
1月25日
買　掛　金　　180,000
（那覇商店） |

4．伝票の集計と転記

　伝票から総勘定元帳への転記は、1枚の伝票ごとに、総勘定元帳の各勘定口座に個別に転記（これを個別転記という）してもよい。しかし、伝票枚数が多くなると、個別に転記したのでは手数がかかり、誤りも生じやすい。そこで、毎日・毎週または月末に、伝票を分類・集計して仕訳集計表を作成し、そこから総勘定元帳に各勘定科目の合計金額で転記する（これを合計転記という）方法がとられることが多い。

　仕訳集計表の作成と総勘定元帳への転記は、次の手順で行う。
① 入金伝票の金額を集計して、仕訳集計表の現金勘定の借方に記入する。
② 出金伝票の金額を集計して、仕訳集計表の現金勘定の貸方に記入する。
③ 振替伝票の借方票と出金伝票の金額を、各勘定科目別に分類・集計して、仕訳集計表の各勘定科目の借方に記入する。
④ 振替伝票の貸方票と入金伝票の金額を、各勘定科目別に分類・集計して、仕訳集計表の各勘定科目の貸方に記入する。
⑤ 仕訳集計表の借方・貸方の金額を合計し、貸借の金額が一致することを確かめる。
⑥ 仕訳集計表の各勘定科目の金額を、総勘定元帳に転記する。総勘定元帳の摘要欄には、「仕訳集計表」と記入する。
転記後、仕訳集計表の元帳欄には、総勘定元帳の口座番号を記入する。

例題22－9
　北九州商店の1月27日の略式の伝票を種類ごとにまとめると次のようになる。これにもとづいて、仕訳集計表を作成し、総勘定元帳に転記しなさい。ただし、商品の売買取引の記入は、全額を掛け取引として処理する方法によっている。

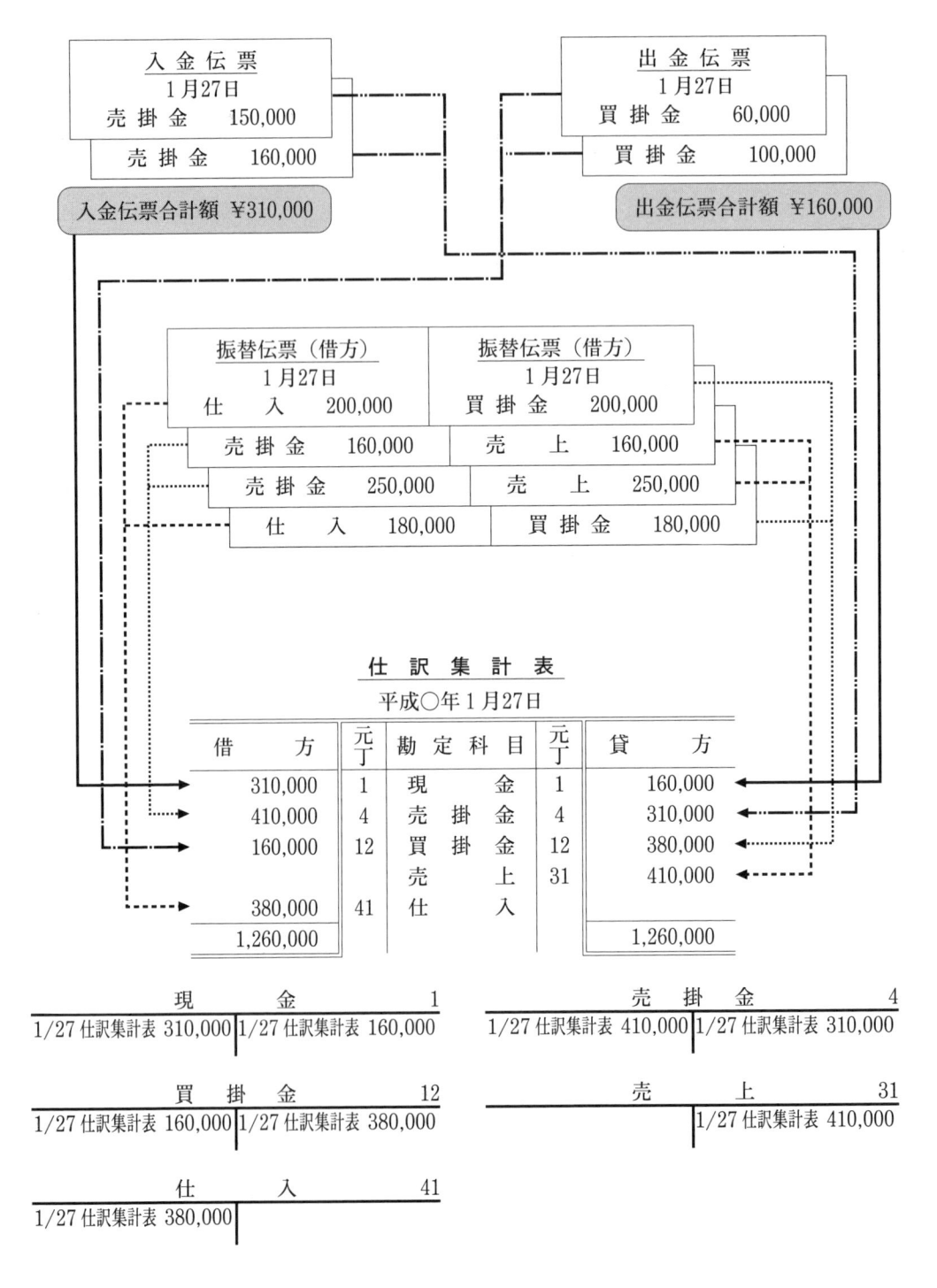

```
入 金 伝 票
  1月27日
売 掛 金   150,000
  売 掛 金   160,000
```
入金伝票合計額 ¥310,000

```
出 金 伝 票
  1月27日
買 掛 金    60,000
  買 掛 金   100,000
```
出金伝票合計額 ¥160,000

```
振替伝票（借方）        振替伝票（借方）
  1月27日                1月27日
仕   入   200,000     買 掛 金   200,000
  売 掛 金   160,000     売   上   160,000
    売 掛 金   250,000     売   上   250,000
      仕   入   180,000     買 掛 金   180,000
```

仕 訳 集 計 表
平成○年1月27日

借 方	元丁	勘定科目	元丁	貸 方
310,000	1	現　　　金	1	160,000
410,000	4	売　掛　金	4	310,000
160,000	12	買　掛　金	12	380,000
		売　　　上	31	410,000
380,000	41	仕　　　入		
1,260,000				1,260,000

```
          現       金             1
1/27 仕訳集計表 310,000 | 1/27 仕訳集計表 160,000

          売   掛   金             4
1/27 仕訳集計表 410,000 | 1/27 仕訳集計表 310,000

          買   掛   金            12
1/27 仕訳集計表 160,000 | 1/27 仕訳集計表 380,000

          売       上            31
                      | 1/27 仕訳集計表 410,000

          仕       入            41
1/27 仕訳集計表 380,000 |
```

なお、現金出納帳・売掛金元帳・買掛金元帳などの補助簿への記入は、個別に各伝票から行う。

【練習問題】

1．次の分の（　）の中に適切な用語を記入しなさい。
　(1) 送り状・領収書などのように、取引の事実を証明する書類を（　　　）という。
　(2) 証憑などにもとづいて取引を記入し、各係が分担して記入できる紙片を（　　　）という。
　(3) 3伝票制では、入金伝票、（　　　）、（　　　）の3種類の伝票に記入する。
　(4) 入金伝票の科目欄には、現金の相手科目となる（　　）方の勘定科目を記入する。
　(5) 出金伝票の科目欄には、現金の相手科目となる（　　）方の勘定科目を記入する。

2．次の取引を3伝票制で記入する場合、使用する伝票名を（　）に記入しなさい。
　(1) 現金を当座預金から引き出した。（　　　）伝票
　(2) 商品を売り上げ、代金のうち半額は現金で受け取り、残額は掛けとした。（　　　）伝票・
　　　（　　　）伝票
　(3) 商品を仕入れ、代金は小切手を振り出して支払った。（　　　）伝票
　(4) 現金を定期預金に預け入れた。（　　　）伝票

3．福岡商店は、取引を入金伝票・出金伝票・振替伝票の3種類の伝票に記入し、これを1日分ずつ集計して仕訳集計表（日計表）を作成し、総勘定元帳に転記している。
　(1) 下記の1月29日における取引を伝票に記入しなさい。
　(2) 仕訳集計表を作成しなさい。
　(3) 総勘定元帳に転記しなさい。
　　　　ただし、　i　商品の売買取引は全額を掛け取引として処理する方法によること。
　　　　　　　　 ii　伝票番号は、伝票の種類ごとにNo.1から付けること。

① 佐賀商店から次の商品を仕入れ、代金は掛けとした。
　　A品　　150個　　＠¥3,000　　¥450,000
② 長崎商店に次の商品を売り渡し、代金のうち¥120,000は同店振り出しの小切手#18で受け取り、残額は掛けとした。
　　A品　　100個　　＠¥4,000　　¥400,000
③ 熊本文具店より、事務用消耗品¥18,000を買い入れ、代金は現金で支払った。
④ 長崎商店から受け取った小切手を当座預金に預け入れた。
⑤ 大分商店から次の商品を仕入れ、代金のうち¥300,000は約束手形#5を振り出して支払い、残額は掛けとした。
　　B品　　300個　　＠¥1,600　　¥480,000
⑥ 鹿児島商店に対する買掛金のうち¥90,000を現金で支払った。
⑦ 宮崎商店からA商品15個の注文を受け、内金として¥60,000を現金で受け取った。

巻末付録

表面

裏面

表面

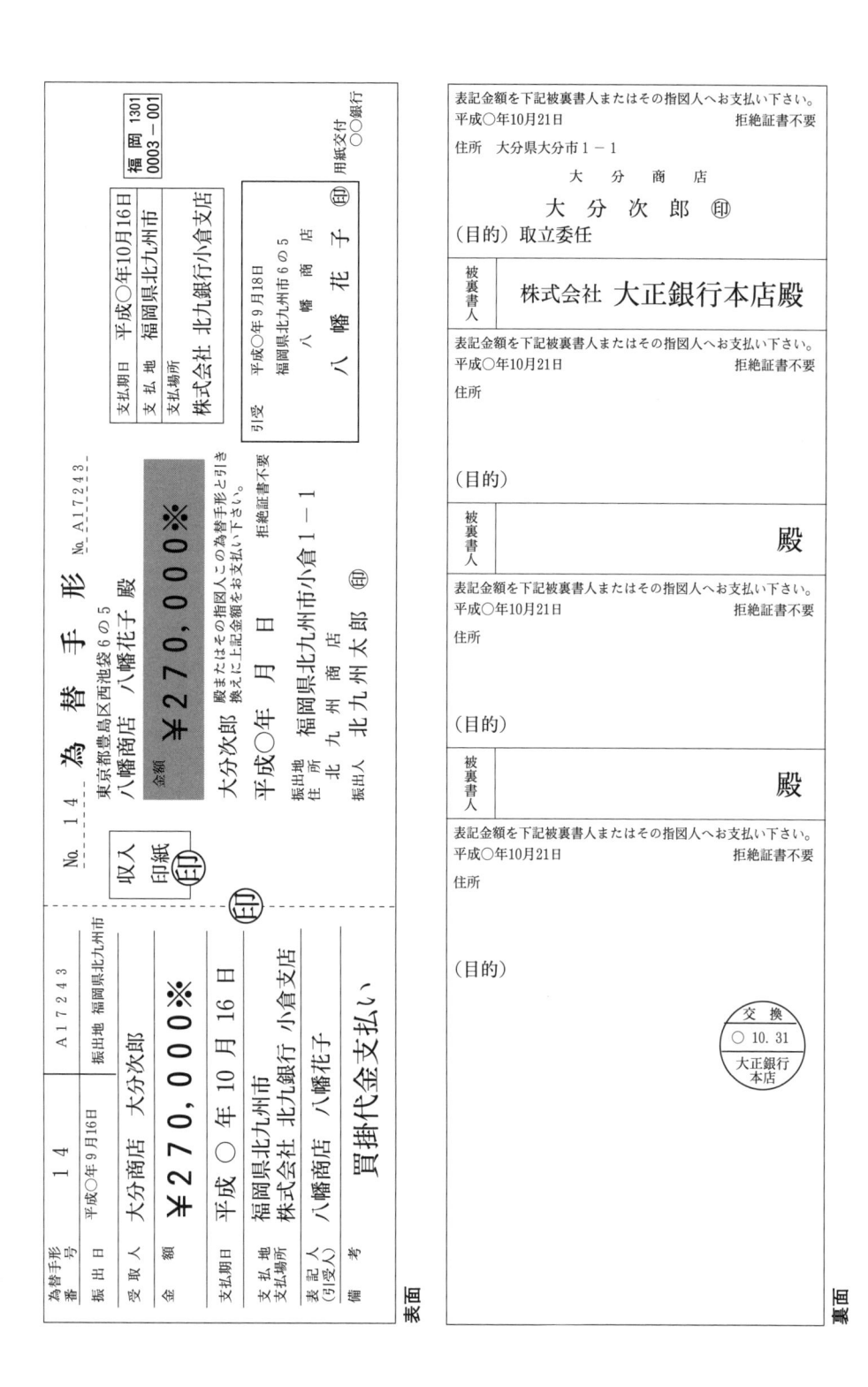

為替手形番号　14
振出日　平成○年9月16日
振出地　福岡県北九州市
A17243

受取人　大分商店　大分次郎
金額　￥270,000※
支払期日　平成○年10月16日
支払地　福岡県北九州市
支払場所　株式会社 北九銀行 小倉支店
表記人（引受人）　八幡商店　八幡花子
備考　買掛代金支払い

No. 1 4　為替手形　No. A17243
福岡 1301
0003-001

東京都豊島区西池袋6の5
八幡商店　八幡花子 殿

金額　￥270,000※

大分次郎 殿またはその指図人へこの為替手形と引き換えに上記金額をお支払い下さい。
拒絶証書不要

平成○年　月　日
振出地　福岡県北九州市小倉1-1
振出人　北九州商店　北九州太郎 ㊞

支払期日　平成○年10月16日
支払地　福岡県北九州市
支払場所　株式会社 北九銀行 小倉支店

引受　平成○年9月18日
福岡県北九州市6の5
八幡商店　八幡花子 ㊞

収入印紙㊞
用紙交付　○○銀行

裏面

表記金額を下記被裏書人またはその指図人へお支払い下さい。
平成○年10月21日　　　拒絶証書不要
住所　大分県大分市1-1
　　　大分商店
　　　大分次郎 ㊞
（目的）取立委任

被裏書人　株式会社 大正銀行本店殿

表記金額を下記被裏書人またはその指図人へお支払い下さい。
平成○年10月21日　　　拒絶証書不要
住所

（目的）

被裏書人　　　　　　　　殿

表記金額を下記被裏書人またはその指図人へお支払い下さい。
平成○年10月21日　　　拒絶証書不要
住所

（目的）

被裏書人　　　　　　　　殿

表記金額を下記被裏書人またはその指図人へお支払い下さい。
平成○年10月21日　　　拒絶証書不要
住所

（目的）

交換　○ 10.31　大正銀行本店

索　引

（あ行）

預り金　100
預り金勘定　100
1伝票制　175
移動平均法　83
受取手形　107
受取手形勘定　106
受取手形記入帳　112
受取利息　97
受取利息勘定　118
売上原価　74
売上値引き　75
売上戻り　75
売掛金　85
売掛金勘定　85
売掛金元帳　85
営業費　124
営業費内訳帳　124
英米式決算法　52

（か行）

買掛金　85
買掛金勘定　89
買掛金元帳　89
会計期間　4, 5
会計単位　4
貸方　17
貸し倒れ　137
貸倒償却勘定　137, 139
貸倒引当金勘定　138
貸倒引当金繰入勘定　137
貸付金勘定　97
貨幣額表示　4, 5
借入金勘定　97
仮受金勘定　102
借方　17
仮払金勘定　102
為替手形　107

勘定科目　17
勘定口座　17
勘定式　151
間接法　156
機械装置勘定　121
期首　5
期首資本　9, 10
期首純資産　9, 10
期首貸借対照表　9
起票　175
期末　5
期末資本　9
期末純資産　9
期末貸借対照表　9
銀行簿記　4
区分損益計算書　169
経営成績　3
決算　41
決算準備手続き　41
決算仕訳　135
決算整理　133
決算整理事項　133
決算整理仕訳　43, 133, 136
決算本手続き　41
減価　140
減価償却　140
減価償却費　140
減価償却累計額勘定　156
現金　57
現金過不足　59
現金出納帳　58
工業簿記　4
合計残高試算表　35
合計試算表　34
控除式　170
小口現金　66
固定資産税　132
固定資産売却益勘定　122, 158
固定資産売却損勘定　158

（さ行）

債権　6
財産　6
財政状態　3
再振替　160
再振替仕訳　160
財務諸表　41, 151
先入先出法　82
残存価額　140
残高式　17, 31
残高試算表　35, 44
3伝票制　176
3分法　74
仕入諸掛り　75, 79
仕入値引き　75
仕入戻し　75
時価法　119
事業税　131
資産　6
試算表　34, 42
実地棚卸　134
支払手形　107
支払手形勘定　106
支払手形記入帳　113
支払利息　97
資本　8
資本金　8, 127
資本金の引き出し　128
資本等式　8
社会保険料預り金勘定　100
車輛運搬具勘定　121
収益　12
従業員預り金勘定　100
従業員立替金勘定　100
集合勘定　45
住民税　130, 131
朱記　44
出金伝票　176

取得原価	116, 121	手形貸付金勘定	97, 98	補助元帳	85
取得原価法	119	手形借入金勘定	97, 99		
主要簿	172	手形債権	106	**（ま行）**	
純資産	8	手形債務	106	前受金勘定	94
純損失	10	手形の裏書譲渡	109	前受収益	162
純利益	10	手形の割引	110	前受地代	162
商業簿記	4	転記	27	前受家賃	162
証憑	175	伝票	175	前受利息	162
商品有高帳	81	当期純利益	9, 10	前払金勘定	94
商品券勘定	103	当座借越	62	前払費用	160
商品売買益	12	当座勘定	63	前払保険料	160
消耗品勘定	161	当座預金	61	前払家賃	160
消耗品費勘定	161	当座預金出納帳	64	前払利息	160
所得税	130	投資その他の資産	121	未収収益	164
所得税預り金勘定	100	土地勘定	121	未収地代	164
仕訳	25	取引	16	未収家賃	164
仕訳帳	29	取引の二面性	20	未収利息	164
仕訳伝票	175			未払地代	163
精算表	44	**（な行）**		未払費用	163
整理仕訳	133	名あて人	108	未払家賃	163
前提条件	4	内部けん制制度	173	未払利息	163
総勘定元帳	31	入金伝票	176	無形資産	121
損益勘定	45			元手	8
損益計算書	14, 44	**（は行）**			
損益法	13	売買目的有価証券勘定	116	**（や行）**	
（た行）		発送費勘定	77	約束手形	106
貸借対照表	8, 44	備品勘定	121	有価証券	116
貸借平均の原則	23, 36	費用	12	有価証券勘定	116
耐用年数	140	費用・収益の繰り延べ	160	有価証券売却益（損）勘定	
大陸式決算法	52	評価勘定	138		117
立替金	100	標準式	17, 31	有価証券評価益（損）勘定	
立替金勘定	100	複式簿記	4		119, 159
建物勘定	121	負債	7	有価証券利息勘定	118
他店商品券勘定	103	付随費用	121	有形資産	121
単式簿記	4	振替え	45		
帳簿決算	146	振替仕訳	45, 47, 48		
帳簿組織	173	振替伝票	176		
直接法	140	振出人	108		
定額資金前渡法	66	分課制度	173		
定額法	140	分記法	74		
低価法	119	簿記	3		
定率法	157	補助記入帳	85		
		補助簿	85, 172		

著者紹介（執筆順。＊は編者）

日野 修造＊（ひの しゅうぞう）：第1～5章担当
　中村学園大学流通科学部教授・博士（商学）

岸川 公紀（きしかわ こうき）：第7・8章担当
　中村学園大学短期大学部キャリア開発学科准教授・修士（経済学）

石橋 慶一（いしばし けいいち）：第6・9章担当
　福岡工業大学短期大学部ビジネス情報学科准教授・博士（情報工学）

山口 義勝（やまぐち よしかつ）：第10・11・13章担当
　日本経済大学経済学部教授

洪 慈乙（ほん ざうる）：第12・14・15章担当
　山形大学人文社会科学部教授・博士（経済学）

江頭 彰（えがしら あきら）：第16章担当
　久留米商業高等学校校長・博士（学術）

木戸田 力（きどた つとむ）：第17・18章担当
　佐賀大学経済学部教授・博士（経済学）

緒方 俊光（おがた としみつ）：第19・20章担当
　福岡常葉高等学校教諭・教務部長・修士（経営学）

寺井 泰子（てらい やすこ）：第21・22章担当
　中村学園大学短期大学部キャリア開発学科助手・修士（経営学）

簿記会計入門

2013年4月2日		初版発行
2015年4月2日		初版二刷発行
2017年4月2日		初版三刷発行

編著者：日野修造
発行者：長谷雅春
発行所：株式会社五絃舎
　　　　〒173-0025
　　　　東京都板橋区熊野町46-7-402
　　　　TEL・FAX：03-3957-5587
組　版：Office Five Strings
印刷・製本：モリモト印刷
Printed in Japan © 2017
ISBN978-4-86434-026-7